흔적 찾기

흔적 찾기

문곡

문곡 류 인 복 수필집

도서출판 천우

두 번째 수필집, 직장생활 한 우물을 파온 지 40년이다. 퇴직하고 나니 우물 안 개구리로 세상 물정 어둡고 모든 것이 낯설어 답답했다. 소처럼 살아왔는데 낯선 들판에 홀로 남겨진 인생인가 싶을 정도로 막막하고 혼란스러웠다. 그때 큰 녀석이 던진 한마디가 있었다.

"한 직장에서 평생을 보내신 아빠가 자랑스러워요. 이제 쉬시면서 여행 다니세요."

진정 가족에 인정받는 아빠의 삶이었을까. 부족함이 많음에도 그렇게 답해준 아들의 말이 그 누구의 말보다 고맙고 위안이었다. 답답하고 무거웠던 마음을 내려놓아도 좋을 듯싶은 후련함과 뿌듯함이 있었다.

그러나 멈출 수는 없다. 퇴직은 이제 새로운 삶의 시작인 것이다. 지금까지 삶은 도전이었고, 앞으로의 삶도 도전의 시작이다. 하고자 하는 것에 문을 두드리고 한 걸음씩 내딛으며 열어나갈 것이다. 그것만이 내가 살아있음을 깨닫고 즐길 수 있는 일이다. 그동안 틈틈이 써 온 글이다. 내 삶의 흔적들이 곳곳에 묻어있고, 그것들을 찾아 나선 일이다. 잘 성장한 아이들의 모습, 생활의 활력이 되어준 취미생활과 딸 없는 집에 딸 같은 반려견 이야기까지 있는 그대로의 삶을 보탬 없이 적었다. 보잘 것 없는 일상이지만, 내 마음이 그곳에 머물며 성찰하게 했고, 지금까지 나를, 우리 가족을 있게 했다. 이 모든 것들이 나에겐 순간순간 간절하게 다가왔고 사랑이었고 행복한 날들이었다.

늘 소박한 꿈을 세우며, 그 꿈을 위해 하루하루 열심히 살아가고 있다. 꿈은 바뀔 수 있지만, 도전하는 것에 큰 의미가 있음이다. 살아있다는 것은 몸과 마음이 하나의 행동과 실천으로 결과를 그려내는 일이다. 안주하기보다는 도전으로 살아있음을 느끼고, 경험에서 묻어나는 마음의 가치를 쌓는 일이다.

글을 쓰는 이유도 그 중 하나이다. 나의 삶을 돌아보고 하나씩 조각하듯 마음에 낀 이끼는 씻어내고, 모난 마음은 도려내는 일이다. 거친 말투와 조급한 행동까지도 마음먹은 대로 다듬고 수련함이다. 『흔적 찾기』는 추억을 소환해 바른 길로 인도하는 안내자이다.

2023년 여름

부평 산곡동 서재에서

1부 하루 귀양살이

2부 그 분 아니세요

3부 가을 운동회

4부 시니어 프리패스

5부 반려견

1부 · 하루 귀양살이

보물창고(寶物倉庫)

베란다 창고를 정리하다가 책 묶음이 나왔다. 달력지로 포장된 끈을 풀자 사보(社報) 등 각종 월간지들이 모습을 드러냈다. 잠들고 있었던 책들은 계절이 바뀌면서 멍도 들고 곰팡이도 쓸고 진물도 생겼다. 습기를 먹은 책은 눌어붙어 분리하는 과정에서 표지가 찢어지기도 했다. 잘 보존(保存)하지 못한 탓이다. 오랜 시간 잊고 지냈던 추억의 보물창고를 되찾은 것 같아 마음이 설렜다.

마음먹고 세 묶음의 책들과 함께 추억 속으로 여행을 시작했다. 87년 2월부터 2000년 11월(14년)까지 자동차 관련 월간지에 64편이 실렸다. 그 중에서도 사보에 실린 글이 대부분이었고, 이후 사보는 내부 사정으로 발행이 중단되었다. 어떤 글들이 실렸는지 낱장을 넘길 때마다 양파껍질을 벗겨내듯 신선하게 다가왔다. 색 바랜 종이에 깨알처럼 줄지어 선 언어들이 일제히 함성을 지르는 것 같다. 나를 봐 주세요, 나를 불러주세요. 라고, 아우성치는 소리에 그냥 지나칠 수 없었다.

그렇게 앉아 낱장을 넘기며 눈길이 멈추는 곳에서 잠시 머물다 가는데 한나절이 지났다. 매달 자동차 표지모델에서 변천과정을 한눈에 볼 수 있듯, 내 삶의 추억도 사보 속에 녹아 있었다. 낱장 속에 머물러 있는 청춘과 젊음의 생각들은 나를 부끄럽게 만들었지만, 수없이 성찰할 기회를 주었던 것이다.

먼저 시선이 멈춘 곳은 내 글이 실린 지면이었다. 처음 게재된 '1월 29일'(사보 87년 2월호)이라는 제목의 글이었다. 정말 아무 형식도 모르고 붓 가는 대로 적은 글이었다. 선친의 죽음이 매우 슬퍼서 안 쓰고는 못 베길 것 같아 일기장에 적어 놓았던 것이다. 지금 생각하면, 글은 부득이 지문(不得已至文)이라고 했는데, 글에 대한 선견지명(先見之明)이 있었던 것일까.

> 길가에 늘어선 앙상한 나뭇가지와 멀리 보이는 논과 밭에 하얗게 내린 눈 포근하게만 느껴지는 겨울의 한낮에 차례를 마치고, 집 앞 산등성이에 자리한 선친의 작은 묘소를 찾아뵈었다.
>
> 짐승 발자국조차 찾아볼 수 없는 새하얀 묘지 나의 마음으로 느끼는 만큼 포근하지만은 않을 이곳에서 많이 외로우셨지요.
>
> — 1월 29일 서두 부분

인쇄되어 나온 글은 수정할 수가 없다. 엎질러진 물이나 다름없기 때문이다. 한 문단은 긴 호흡으로 읽기에 숨이 차고, 한 문단은 문자표 없이 구어체 형식에 가깝게 묘사해 놓은 글이다. 글은 문어체(文語體)로써 각 형식에 맞게 문장으로 이루어져야 하지만, 그렇지 못해 부끄럽다.

늦은 나이에 자식을 두어 외롭게 살았고, 힘든 농사일에 늘 고기반찬이 그리웠던 선친(先親)이었다. 첫눈이 내린 날에 묘지를 찾았다. 짐승 발자국 하나 다녀간 흔적이 없다. 가슴에서 울컥하고 치밀어 오르는 게 있었다. 선친의 외로움이다. 그때 안 쓰고 있을 수가 없었다. 그 후로 일기를 쓰게 된 계기가 되었다.

내 글이 활자 되어 실리자 더 큰 충격으로 다가왔다. 일기장에 적힌 글과 다를 게 없는데, 기쁨과 용기와 희망이 나를 새로운 길로 안내하고 있었다. 한창 자취생활을 하던 시절이었는데, 글쓰기 매력에 빠지게 된 것이다. 일기를 꾸준히 적었다. 내가 할 수 있는 유일한 취미생활이 되어 버렸다.

글쓰기가 취미생활로 바뀌었다. 사보에 글이 자주 실리자 이름을 알리게 되었고, 홍보, 편집위원도 하게 되었다. 등잔불이 어둡다는 말처럼, 어쭙잖게 쓸 줄만 알았지 읽는 안목은 없었다. 주위에서 박수를 친다고 좋은 줄만 알고 기뻐했다. 결혼을 하고 안정이 되면서 글쓰기에 빠졌다. 신혼 초부터 며칠 밤을 지새운 적도 있었다.

욕구는 컸는데 충족되는 것은 항상 부족했다. 작문의 벽이 생기자 한계를 극복하기 위해서 관련서적을 읽으며 독학했지만, 이해할 수 없는 것들이 많았다. 과감하게 독학공부를 해보자고 방송대 국문과에 입학했다. 이론을 바탕으로 체계적인 수업을 받고 싶은 것이었다.

도움이 되진 못했다. 학점 이수하기가 힘들었고, 졸업이라는 것에 초점을 맞출 수밖에 없는 현실이다 보니 창작과는 거리가 멀었다. 동아리 활동에서 학우들과 토론이 전부였다. 결국 많이 읽고 많이 생각하고 많이 습작하는 것이 해법이라는 것을 깨달았다. 글쓰기에 어두웠던 밤길이 달빛에 조명을 받아 보이기 시작했다.

사보 속의 글들은 살아온 내 인생의 지난날을 대변해 주고 있었다. 졸필을 부정할 수는 없지만, 말하려고 했던 고민과 갈등 그리고 기쁨과 슬픔까지도 잘 녹아 있었다. 기록문학이라는 것을 취미로 삼았기에 가능한 일이었다. 사진보다도 더 사실적이었다. 글을 읽는 동안 마치 타임머신을 타고 젊은 시절로 돌아간 것 같은 느낌이었다.

가장 마음이 끌리는 글이 있다. '사람 사는 이야기'로 한 가족의 살아가는 이야기를 내레이션으로 실은 꼭지였다. 네 쪽 분량에 우리 가족이 단란했던 한때를 사진과 함께 잘 설명해 놓은 글이기도 했다. 학부형이 되기 전이었으니 그때만 해도 혈기 왕성한 시절이었다. 아주 평범한 가족의 일상이긴 했지만, 내 집 마련의 꿈이 실현되어 가는 시기였고, 두 아들이 커가는 모습을 지켜보는 평화롭고 행복한 시절이기도 했다.

그러나 내면에 삶 속으로 들어가면 많은 사연들이 켜켜이 쌓여 있었다. 산간벽촌(山間僻村)에서 태어나 중·고등학교를 졸업하기까지 누님의 비참했던 직장생활을 알게 되면서 갈등했다. 가족을 위해 누님이 더 이상 희생할 수는 없었다. 나를 위해 자신의 인생을 희생하다시피 한 누님의 헌신적 삶이 그랬다. 가정의 생계와 진학을 두고 고민했던 시절에 산업전선이 내 갈 길이었다.

역량이 부족해 엮어내지 못하는 원고지를 붙들고 신음소리를 확인하면서도 멈추지 못했던 것은 무엇이었을까. 무지나 가난에 대항할 아무것도 가지지 못했던 아버지가 결국 병원치료도 받아보지 못한 채 돌아가셨던 한에 대해서도 고스란히 살아 있었다. 모두가 그 시절엔 시련과 아픔으로 점철(點綴)되어 있었다.

사보는 내가 살아온 날들의 흔적으로 남아 있다. 이 사회가 온통 과격과 투쟁의 이미지로만 부각되어 있는 근로자에 대한 인식들을 바꿔보자는 것도 내 습작의 한 소재가 아니었던가. 글에 대한 열정으로 밤을 도둑맞으며 가슴앓이 하던 시절도 한때 추억으로 남아 있다.

사보는 삶의 이정표를 제시해 주기도 한다. 추억을 그리워하면서 살아가는 게 인간이다. 평생 추억할 수 있는 것 중에 하나는 기록물이라고 할 수 있다. 인간이 기억할 수 없는 것까지도 되새김하듯 생생하게 느낄 수 있는 것이 기록물이요, 사보의 기능이다. 그 속에서 자신을 돌아보게 되고, 미래에 대한 소박한 꿈이나 거대한 이상도 펼칠 수 있는 것이 아닐까.

짧은 시간 동안 길었던 추억의 보물창고로 여행을 다녀온 기분이었다. 살면서 추억이 그리울 땐 보물창고에서 낱장을 넘겨야겠다. 그곳에는 투박하지만, 진정한 슬픔과 기쁨이 녹아 있고, 사랑과 행복이 듬뿍 담겨져 있기 때문이다. 사보는 내 마음을 다스리게 하는 영원한 보물창고이다. 【2011.07】

파일 손상

글쓰기 참 편리한 시대이다. 컴퓨터 워드만 다룰 줄 알면 생각날 때마다 화면을 열어 쓰고, 교정하고, 저장해 두었다가 필요할 때 출력할 수 있으니 얼마나 간편하고 용이한가. 딱딱한 활자가 주는 투박함이 육필원고의 투철한 작가정신을 계승할 수 없다고는 말하지만, 시대적 흐름으로 받아들이고 싶다. 워드의 필요성 인식에 원고 작성은 컴퓨터로 자연스럽게 사용하기 시작했다. 글 쓰는 수단보다는 그 사람이 글을 쓰는 정신적인 자세가 더 중요하기 때문이다.

오래 전, 어느 날 C드라이브 파일에 저장된 글이 모두 날아가 버렸다. 아이들이 컴퓨터 게임을 하던 중 모니터 화면에 아이콘이 사라지고 작동불능이라는 것이다. 그때 이미 내 글은 물론 모든 프로그램이 사라진 상태여서 새로 깔아야 했다. 쓰고 저장할 줄만 알았지 파일이 사라지거나 손상된다는 것은 미처 숙지하지 못했기에 황당한 일이었다. 컴퓨터를 맹신한 탓이다. 다행히 프린트 해 놓은 원본이 있었기에 스스로 위안을 삼았다. 플로피 디스크를 사용하지 않았던 게 사라진 원본의 글을 보고 써야 하는 번거로움을 겪어야 했다.

언제였나. 아이들이 게임을 자주 하다 보니 본체에 저장된 글들이 바이러스로 인해 프로그램을 새로 깔아야 할 경우가 종종 생겼다. 독수리 타법의 번거로움을 해소하기 위해 A드라이브에 이중 저장을 해왔다. 아이들이 잠자리에 든 이른 새벽에야 컴퓨터를 만질 수 있었다. 모니터 화면을 열어 독수리 타법이긴 하지만, 밀린 반성문들을 하나씩 쪼아 나갔다. 한참 만에 정리가 끝나고 A드라이브에 저장을 하자 파일이 손상되었다는 메시지와 함께 파일이 또 날아가 버렸다. 온몸에 기력이 빠져나가는 기분이었다.

가끔 있는 일이긴 했지만 육 개월 간 정리해 온 반성문이 한 순간에 하얀 백지 상태로 흔적도 없이 사라졌다고 생각하니 허망함을 금치 못했다. 조각하듯 다듬고 손질한, 마무리만 하면 완성될 작품도 서너 편 있었는데 이를 어찌한단 말인가. 본체도 플로피 디스크의 저장도 믿음이 가질 않는다.

새벽 네 시다. 아무리 파일을 뒤지고 방법을 찾으려고 해도 내 능력으론 복원할 수 있는 대안이 없었다. 단념하고 잠을 청하기 위해 침대에 누웠다. 눈만 말똥하니 잠이 오지 않는다. 미련이 남아 자리에서 일어나 다시 키보드를 눌렀지만 뚜렷한 방안이 없다.

다음 날, 손상된 디스켓을 들고 회사에 가 동료에게 물었다. 깨진 디스크의 글은 다 찾을 수 없었지만, 그나마 이 개월 분량의 반성문은 백업 데이터를 통해서 복원할 수 있어 다행한 일이었다. 건축가가 집을 설계하고 집을 짓듯 내가 육 개월 간 다듬었던 글을 생각하면 정말로 안타까운 면도 적지 않았다. 그렇다고 소처럼 되새김질을 할 수도 없었고, 기억력이 좋아서 다시 쓸 수 있는 것도 아니었다.

누에가 실을 빼듯이 술술 써진다면 얼마나 좋을까. 지나간 일들을 다시 꺼내어 쓴다는 것은 버거운 일이었다. 정말로 다른 방법은 없는 것일까. 모니터를 옮겨 다니다가 번뜻 스치는 게 있었다. 얼마 전 글을 다듬고 난 후 휴지통에 버린 것이었다. 휴지통을 클릭해보니 고맙게도 반듯하게 잠자고 있었다. 순간 모든 것을 다 얻은 것처럼 흥분이 가라앉질 않았다. 2×××년 반성을 클릭하자 내게 폭죽을 터뜨리기라도 하듯 모니터 화면에는 검은 구슬 알들이 금싸라기처럼 뿌려져 있었다.

천군만마를 얻은 것처럼 마음이 뿌듯했다. 수정하기 전의 글이었기에 독수리 타법으로 다시 다듬어야 하는 번거로움이 남아 있긴 하지만, 기쁨으로 반기며 과거의 흔적들을 따라 두드리고 또 손질했다. 손끝으로 묻어나는 그 날의 희로애락이 가슴속으로 스며들었다. 잃음으로써 소중함의 간절함과 애틋함을 깨닫게 한 계기가 되었다.

살아가면서 내 기억력도 점점 떨어져 가는 것 같다. 평소 기억력이 남보다 뛰어난 것도 아니었는데 쉽게 잊히는 것은 왜일까. 정신적인 머리운동을 게을리한 것도 아닌데, 그와는 상관이 없는가 보다. 때문에 틈틈이 메모하는 습관과 워드에 정보를 입력하는 등 친구처럼 지내고 있다. 특히 습작을 할 때 떠올랐던 착상을 메모하지 않아 내 기억에서 영원히 사라져 버릴 땐 그렇게 허무할 수가 없다. 그때마다 할 수 있는 것은 메모하는 습관이었다.

언젠가 글감의 소재를 적어 놓은 메모지가 한 순간에 날아가 버렸다. 세탁한 바지 속에서 파랗게 물든 메모지가 발견됐다. 이미 알아볼 수 없을 만큼 변해버린 쪽지를 들고 망연히 쳐다만 보고 있어야 했다. 그 순간 원망해도 후회해도 소용없는 일이었다. 정말 무엇을 써 놓았던 것인지조차도 기억이 나지 않았으니 누구를 원망하랴. 그땐 두둑했던 호주머니가 털린 기분이었다.

워드로 옮겨놓지 못한 불찰이다. 기억력이 뛰어나지 못하면 메모하는 습관이나 워드로 옮겨놓는 작업이라도 깔끔해야 할 텐데 그것도 여의치 못하니 안타까운 일이다. 지금도 그 쪽지의 내용들이 어떤 글의 소재들이 적혀 있었는지 알 수가 없다. 이젠 알고 싶지도 않다. 새로운 소재들을 찾으면 그것이 잊힌 것들의 소재들의 찾음이 될 것이다.

돌아보면 초보시절의 워드 사용은 내게 많은 경험과 교훈을 심어 주었다. 변화되어 가는 세상의 동반자가 되기 위해 안간힘을 다해 어설픈 타법으로 매달렸던 지난날들이다. 그 속에서 하나씩 워드의 세상을 익혀 가는 나를 발견하면서 눈을 뜨기 시작한 지 이제 이십여 년이 지났다.

워드는 현대인에게 현대 문명이 발 빠르게 좋은 선물을 배려한 것임이 틀림없다. 하지만 부족한 상식에서 문명이 가져다 준 혜택보다는 불편을 감수하며 살아가는 경우도 없지 않다. 내 경우가 그렇다. 아주 작은 눌림이나 자석 물질로, 이물질 흡입 등 이동 시에는 디스켓 케이스를 이용하여 보관해야 함에도 그렇게 하지 못한 게 내 워드 작업 초기시절이었다.

현대 문명의 발전이 인간에게 주는 영향력은 정말로 지대하다. 그러나 이에 못지않게 폭발하듯 한 순간에 백지가 되어 버릴 수 있는 것이 또한 워드의 파일 손상인 것이다. 예전에야 모르고 발생한 손상이었지만, 지금은 알아도 바이러스라는 균 때문에 파일 손상은 영원하기에 항상 그에 대한 준비가 선행되어야 할 것이다.

내 기억력이 언제까지 유효할 수 있을까. 파일손상처럼 나이 들어가면서 점점 감퇴할 것이다. 그래도 내 기억력을 사랑한다. 비록 많은 기억들을 인출해 내는 능력은 워드만 못하지만, 워드가 가지고 있는 투박하고 냉동고에 저장되어 있는 느낌보다는 꿈틀거리는 기억들의 살아있는 느낌이 좋기 때문이다.

파일손상의 장단점과 내 기억력의 한계를 잘 융화시켜 워드를 내 비서로 활용해야 할 일이다. 컴퓨터가 일상화된 요즘, 옛것을 고집하기보다는 새 것을 내 것으로 만들어 나만이 가지고 있는 살아 숨쉬는 이야기를 그려내고 싶다. 【2016, 인천문단 45집】

복점(2)

관상학에서 보면 왼쪽 눈썹 가운데나 귀 볼에 있는 점은 복점이라고 한다. 내 얼굴엔 지방자치제로 점이 많다. 그 많은 점들 중 큰 점을 뺐다. 오랫동안 고민 끝에 내린 결행이었다. 한때 복점으로 어깨 위에 날개를 단 지 8년 만의 일이다. 주위의 권유에도 빼고 싶은 마음이 없었다. 얼굴의 깨알 같은 점이 있었기에 글을 쓰게 되었고, 결혼한 상태여서 특별하게 불편하거나 미련 같은 것을 느끼지 못했기 때문이다.

큰아들이 점을 뺀다고 병원에 갔을 때도 흔들림이 없었다. 주위에선 파리똥 빼라고 핀잔을 주기도 했지만, 농담으로 듣고 흘려버리곤 했다. 잦은 친목회에 참석할 때마다 구체적인 민간요법으로 점을 빼는 방법도 있다고 권유받곤 했다. 그때만 해도 시술을 받지 않고도 좋은 방법이 있다는 것 정도만 알고 있었다. 마음의 큰 동요는 없었다.

어느 날이었다. 아내는 내 얼굴을 바라보며 예전의 안 하던 말을 던진다. 점만 몇 개 빼면 구리 빛 피부가 깨끗할 텐데 점 뺄까 한다. 처음으로 하는 신중한 말이었기에 가볍게 받아넘길 수가 없었다. 귀동냥으로 들은 점 빼는 방법 등을 나열하며 권유한다. 점에 대한 추억이 크게 자리하고 있었기 때문에 빼는 것은 고사했다.

며칠 후 아주 우연하게 시술을 하고 말았다. 병원이 아닌 집에서 민간요법으로 말이다. 아내는 거울을 보며 반죽한 밀가루를 이쑤시개로 찍어 점 부위에 바르고 있었다. 잠시 아내가 한 말이 떠올랐고, 옆에 누워 찍어 바르기 시작했다. 검은 피부에 얼굴 가득 하얀 밀가루 꽃이 피어났다. 한두 시간이 지나도 따가울 것이란 상상은 사라지고 둘의 얼굴은 평온했다.

빙초산과 밀가루를 반죽하는 비율 농도가 맞지 않았다. 밀가루보다 빙초산 액이 부족했는지 자극이 없었다. 재 시술을 감행했다. 액이 과했는지 얼굴이 화끈거리고 여간 따가운 것이 아니었다. 화생방 훈련을 받는 만큼 시큰시큰 거리고 바늘로 찌르는 것 같았다. 한 시간 가량은 빙초산 독성으로 인내가 필요했고, 서너 시간이 지나자 반죽이 굳어 점 부위가 딱지로 변해갔다.

출근하니 모두가 내 얼굴을 보고 놀란 표정들이다. 수두는 죽어서도 한다는데 이제 하느냐, 다 늦어서 점은 왜 빼는가, 점이 그렇게 많았었는지, 애인이라도 생겼느냐며 질문이 쏟아졌다. 깨알 같은 점들이 많았어도 평소 점에 대해 거론한 적은 없었다. 구릿빛 피부여서 얼굴에 점을 의식하고 보기 전엔 점이 확연하게 드러나 보이지 않았기 때문이다.

내가 보기에도 수두를 앓는 것처럼 얼굴 가득 검은 흉상이었다. '얼굴에 있는 점은 좋은 점 없고 몸에 있는 점 해로운 점 없다'는 말이 있다. 그만큼 얼굴에는 점이 없는 게 좋다는 뜻이다. 점 부위보다 크게 밀가루를 발라 딱지 자리도 자연히 컸다. 겨울에 시술해야 부작용이 적고 빨리 아문다고 하는데 한여름에 하고 말았다. 햇빛에 노출하면 시술한 부위가 점으로 변한다고 한다. 일주일이 지나도 딱지는 떨어질 줄 몰랐다. 은근히 걱정되었다.

인터넷을 찾아보니 더욱 놀랄 수밖에 없었다. 나와 같은 사람들이 부작용으로 병원을 출입하고, 흉측한 모습의 사진들을 올려놓았다. 진작 이곳에 들러보지 못했을까. 후회해도 소용없었다. 레이저로 시술하면 일주일 만에 깨끗이 나았지만, 민간요법이어서 시일이 더 걸렸고, 조급한 마음은 숨길 수 없었다. 보름간 세수를 하지 못해 지저분한 것보다 딱지가 떨어질 듯 거치적거리는 게 신경 쓰이고 불편했다.

손에 걸리는 대로 딱지를 떼고 말았다. 시일이 다 차서 떨어진 것도 있지만 대부분이 강제로 떼어졌다. 살점과 점이 떨어지는 순간 점 부위에서 피가 샘물처럼 솟아났고, 포탄이 터진 자리처럼 폭 파였다. 다시 보름간의 시일이 지났다. 딱지가 진자리에는 진 붉은 색이 선명하게 자리를 잡고 있었다. 세수를 하면서 연고를 자주 발라보지만 쉽게 나을 기색이 없어 보였다.

고민 끝에 병원 문을 두드렸다. 자초지종을 듣고 얼굴을 본 의사는 부작용이 심한 빙초산을 쓴 것은 화상행위라고 한다. 한두 달에 깨끗하게 치료될 수 있는 것도 아니고, 장담할 수 없다는 것이다. 미백 치료제 외에는 손쓸 수 있는 게 없다고 한다. 내 판단만이 필요했다. 병원을 나서면서 더 이상 무엇을 바랄까. 처음부터 길을 잘못 들어선 것은 나였다. 검은 점보다는 붉은 점이 흔적으로 남으면 어떠리. 부작용으로 많은 사람들이 고생하는 것에 비하면 얼마나 다행스러운 일인가.

아직 일 년이 되지 않았지만 점을 뺀 자리엔 흔적이 곰보처럼 움푹 파였고, 적색이 남아있다. 더 이상 바라고 싶은 욕심은 없다. 몇 년간을 빼버리라고 하는 유혹에도 흔들림 없이 뺄 수 없다고 지켰건만, 우연한 기회에 쉽게 무너지고 말았다. 그런 만큼 지금 이대로의 얼굴을 사랑한다. 점은 뺏어도 잔 점들과 붉은 점들이 섞여 있어 깨끗한 얼굴은 아니지만 내 얼굴을 사랑한다.

점을 뺀 지 3개월째 되는 날이었다. 내 인생의 행운이 찾아왔다. 세 번이나 1등 당첨자가 공석이 되고 네 번째 번호가 발표되었을 때 기적이 일어난 것일까. 내가 쥐고 있는 번호가 전파를 타고 또렷하게 들려왔다. 꿈이 아니었다. 많은 사람들 중에 내 이름 석 자가 밤하늘 운동장에 울려 퍼졌다. 경품 차 칼루스 앞에 앉아있던 난 벌떡 일어나 무대로 달려 나갔다.

아내의 얼굴이 떠올랐다. 대상으로 칼루스를 탔다고 하자 믿어지지 않는지 재차 묻는다. 그런 행운이 정말일까 믿음이 서질 않는 모양이다. 아파트 단지에 접어들자 어느새 나는 모형 열쇠로 기타를 치며 걷고 있었다. 마중 나온 아내는 커다란 자동차 모형 열쇠를 건네받으며 함박웃음 짓는다. 추첨 복이라고는 꼴찌도 한 번 된 사실이 없었다. 그런데 사내 체육대회에서 칼루스를 받다니 우연한 일이라고 하기 엔 너무나 큰 경품이었다. 주위에선 얼굴에 복점을 빼고 나더니 이름에 복자가 복점으로 둔갑해 당첨된 것이라고 한다.

그 후로 동료들 사이엔 자신의 이름을 복자로 바꾼다며 주문처럼 외치고 다녔다. 추첨이라는 것이 어디 특별한 사람에게 주어지는 것이랴. 그저 운이 좋아 된 것이리라. 하지만 큰 행운이 주어진 것을 보면 점 빼길 잘했다는 생각은 부인할 수 없다. 한동안 추첨의 효력은 수그러들 줄 몰랐다. 복점(福點)과 인복(寅福)의 복자로 즐거운 비명에 시달려야 했다. 복권을 구입할 때도 꼭 내 손으로 구입해 달라고 부탁했고, 주거지역 단지 내에 있는 복권방이 1등 당첨된 곳이라는 것을 알고는 매주 부탁하곤 했다. 이것도 한때려니 고분히 응대해 주었다.

아테네 올림픽축구 아시아 최종예선전 A조 2차전 한국과 이란의 경기가 있는 전날이었다. 직원들이 술렁거렸다. 예상 골을 적어서 내기를 하자는 제안이었다. 제의에 망설였으나 분위기를 깨뜨릴 수는 없었다. 예상 여론이 분분했고, 모두가 축구 해설 못지않은 안목을 가지고 있었다. 하지만 난 무지했다. 그저 기적이 있기를 바라는 마음과 내기에 지더라도 1-0으로 이긴다는 쪽으로 단순한 생각만 가지고 당당하게 걸었다.

역대 전적으로 보나 홈경기가 아니기에 승산 확률은 전무한 상태였다. 그래도 이겨주길 바라는 심정 하나로 적었다. 내가 선택한 곳엔 나 혼자였다. 칼루스 추첨 위력이 아직 존재하고 있는 것이었을까. 저녁에 경기를 시청하면서 솔직하지 않을 수 없었다. 전반에 득실 없이 끝나고 후반에 한 골이 들어갔을 때 태연한 척한 자신이 너무 놀라웠고, 더 이상 골득실로 이기거나 동점이 되는 것은 원치 않았다.

다음 날 아침 회사에선 또 한 번의 탄성이 터져 나왔다. 예상치 못했던 결과라는 것이다. 이제는 점쟁이라는 호칭까지 외쳐댄다. 이것이 일거양득이라는 것인가. 거금(?)을 손에 쥔 난 세금으로 직원들의 목을 축여주었다. 적절한 비유일지 모르겠다. 사람이 돈을 쫓으면 달아난다고 한다. 축구에 문외한인 내가 무슨 복이 있고 점쟁이라고 그 스코어를 맞히겠는가. 사무실 분위기를 생각했고, 상대 전적과는 상관없이 이겼으면 좋겠다는 순수한 애국심의 발로였다면 과분한 발상일까. 그게 전부였다.

살아가면서 복점이니 인복이니 하는 순수한 뜻은 저버리고 싶지 않다. 명칭은 한낱 겉치장에 불과한 것이지, 내 인생의 운명까지 좌우한다고 믿진 않기 때문이다. 세 번의 기회가 온다고 하지 않던가. 나에게도 행운이 한 번 머물다 간 것이라 믿고 싶다. 이제 점으로 점철되었던 일들이 내 얼굴에선 사라졌다. 하지만 오래도록 공존했던 점들에 대한 추억과 일화들은 내 기억 속에서 영원히 사라지지 않을 것이다. 【2009, 인천문단 38집】

오(烏)

이른 새벽, 주변이 고요하다. 나뭇잎 하나라도 떨어지거나 꿈틀거리면 들릴 것 같은 정적이 흐른다. 웅장한 건물동이 사방으로 서 있고, 한겨울인데도 곳곳에 대나무, 단풍, 라일락, 벚꽃, 소나무 등 초목들이 빽빽이 숲을 이룬다. 한밤엔 외등이 곳곳에 켜져 여느 숲속 못지않은 고풍스럽고 아늑함이 풍긴다. 이곳은 도심 속 교육원 공간인 일명 숲속의 정원, 어둠이 걷히고 있는 새벽이다.

여명이 밝아오면서 새들의 맑은 성량이 아침을 깨운다. 특히 직박구리 소리는 정신이 번쩍 들 정도로 앙칼지고 요란하다. 무슨 말을 하고 있는지 알 수 없지만, 아침에 첫울음 소리요, 첫인사 같은 반가운 목소리다. 마치 산중에서 들려오는 산뜻하고 청량함이다. 아침 인사 나누고자 나무 밑으로 다가가자 놀랐는지 날아가 버린다. 적당한 거리를 두고 꾀꼬리 소리거니 하고 실컷 더 들을 걸 그랬나, 나에겐 아침 인사를 나누는 반가운 새들이다.

숲속의 정원에는 새들이 많이 모여든다. 참새, 직박구리, 까치, 까마귀, 비둘기 등 다양하다. 직박구리나 까치의 소리가 싸우듯 소란스럽다면, 까마귀는 하루에도 여러 마리가 찾아와 묵직하고 큰 톤으로 울림을 주고 날아간다. 공장지대로 주변을 돌아보면 수목이 이만한 곳이 없고, 앞 건물은 사료 공장으로 먹거리와 휴식처로 자주 들리는 것 같다. 새소리에 집중하다 보면 가끔은 숲속인가 착각하기도 한다.

까마귀는 우리나라에서 흔히 볼 수 있는, 자오(慈烏), 자조(慈鳥), 한아(寒鴉)라고도 부르는 텃새이다. 주로 산지나 인가 주변의 숲에서 번식하고 저지대의 농경지와 개활지에서 서식한다. 야산과 농촌이 전형적인 생활터전인데, 도시 한복판 공장지대에 자주 나타난다면 아마도 활동범위를 넓힌 것이지 싶다. 짐승들이 먹이가 부족해 민가로 내려오는 것과 흡사한 일일까. 아니라면 잠시 쉬었다 가는 정거장이나 휴게소 같은 곳이었으면 좋겠다.

까마귀하면 나쁜 새, 사람에게 해로움을 주는 새로 인식하고 있다. 언젠가 까마귀 떼가 도심 한가운데 나타나 많은 사람들에게 피해를 준다는 방송이 있었다. 전깃줄에 떼를 지어 앉아 정전 등 배설물이 바닥은 물론 자동차 위에 떨어져 하얗게 쌓이면서 시민들의 언성을 사기도 했다. 까마귀 떼들의 전쟁 선포로 시민들이 곤혹을 치렀던 일이다.

까마귀의 집단은 주도자가 없는 단순한 집합체로 알려져 있다. 까마귀의 습성을 빗대어 '오합지졸'이라는 단어도 생겼다. 까마귀 속담에 "까마귀 날자 배 떨어진다." "까마귀 고기를 먹었나?" "밤에 까마귀가 울면 나쁜 일이 벌어진다."는 말이 있다. 모두가 좋은 의미는 아니다.

까마귀는 '흉조(凶鳥)'로 불려왔다. 고구려부터 고려 시대까지는 길조였다가 조선 시대 들어서면서부터 흉조로 바뀌었다고 한다. 친중국 사대주의 정권인 이씨조선에 대해서 고구려의 기억을 지우려는 중국 쪽의 입김이 들어간 흔적이다. 단지 온몸이 검고 사체를 파

먹고, 기분 나쁜 울음소리를 낸다는 이유로 사람들에게 안 좋은 인상을 심어준 것이 아닌가 싶다. 까마귀가 시민들에게 피해를 주는 골치 아픈 조류 중의 새이기도 하지만, 원래부터 나쁜 의미의 새는 아니었음을 증명하고 있다.

까마귀 검다하고
백로야 웃지 마라
겉이 검은들 속조차 검을 소냐
겉 희고 속 검은 이는 너뿐인가 하노라

— 이직(李稷)[1)]

까마귀는 그의 천성인 울음소리를 내었을 뿐인데, 불길하다고 한다. 그 울음소리는 사람에게 고하거나 해하지는 않는다. 듣는 이가 불길하다고 믿으면 언짢은 것이다.

숲속의 정원에는 새무리 중에 늘 까마귀 한 쌍이 붙어 다니곤 했다. 서로 깃털을 물기도 하고 사랑싸움을 하듯 가지 나무를 옮겨 다니며 싸우듯 요란했다. 색깔이 검고 크기도 비슷해서 암수를 분간하긴 어렵지만, 부리로 목덜미를 물고, 엎치락뒤치락 부러우리만치 소란스러웠다. 한시도 떨어지는 모습이 아니다. 검다는 선입견을 지우니 까마귀 한 쌍이 적극적이고 열정이 넘치는 멋진 놈이다.

직원들은 그 까마귀를 한 쌍의 부부라고 칭했다. 숲속의 정원에서 만큼은 인기 있고 주목받는 까마귀였다. 검은색의 덩치가 크고 목소

---

1) 고려 말 조선 초의 문신. 본관은 성주(星州). 자는 우정(虞庭), 호는 형재(亨齋). 정당문학을 지낸 조년(兆年)의 증손으로, 아버지는 문하평리 인민(仁敏)이다. 고려 말의 권신 이인임(李仁任)의 조카이다.

리까지 굵직해 독보적인 존재였다. 어느 날, 까마귀 한 마리가 옥상에 타 죽어 있었다. 옥상 옆으로 전신주가 높이 서 있는 것으로 보아 전깃줄에 감전 사고를 당한 듯 했다. 몸과 날개가 불에 탄 듯 눌어붙었고 몸뚱이는 파열되어 몹시 안쓰러웠다.

대형조류로써 날개나 큰 체구로 인해 착지 중 두 전선에 동시 접촉해 발생한 일이 아닌가 싶다. 심각한 경우에는 조류감전사로 단전 사태가 발생할 수도 있다고 한다. 이런 사고는 일어나기 힘든 사고로 안타까운 까마귀의 운명이다. 많은 새들이 동료의 죽음에 슬픔을 느끼지만, 특히 까마귀는 특별한 것 같다.

죽은 까마귀가 발생한 후 부부 까마귀에 대한 관심이 더 커졌다. 그 까마귀는 무사한지 매번 동향을 살피게 됐다. 많은 까마귀들이 다녀가는 곳이라 정확히 알 수는 없지만, 언제부턴가 찰떡같이 붙어 다니던 부부 까마귀는 보이지 않고, 한 마리의 까마귀가 죽은 옥상에 와서 매일같이 울어대곤 했다. 혹시 저 까마귀가 죽은 까마귀의 짝이었을까, 생각하니 시끄럽게 들렸던 소리도 애틋하게 들렸고, 잘못 알고 있는 선입견들이 일시에 사라져 버렸다.

죽은 까마귀를 그리워하는 곡소리라고 생각하니 섬뜩할 정도로 애처로웠다. 까마귀는 동료가 죽어도 어떻게 죽었는지 가해자를 파악하고 상대를 기억해 복수를 한다고 한다. 하물며 동반자가 죽었다면 오죽할까. 그래서 오래도록 의식을 치루는 것처럼 같은 장소에 와서 울고 가는 것일까. 생각이 미치자 경건해지고 숙연한 마음이 들었다.

한 연구원이 까마귀를 사육 중 느낀 소감에 의하면, 사육사와 놀자고 끈을 물고 와 쳐다볼 때, 바빠서 못 놀아주니 밀쳤다고 한다. 연구원이 다음 날 사육장에 슬리퍼 없이 들어서자 발등을 찍는 등 놀아주지 않는 것을 기억하고 복수를 한 것이란다. 다행히 까마귀

가해자는 포수도 아니고 동료도 아닌 한전이라고 볼 수 있는데 기억과 인지능력이 뛰어난 까마귀는 알고 있을까. 영특한 까마귀는 누구를 지목했는지, 아니면 알고도 죽은 자에 대한 서글픔을 달래고 있는 것인지 궁금했다.

까마귀는 다른 종의 아기 새들과 달리 부모에게 많은 것을 배운다. 사람이 자기 자식에게 교육을 시키듯, 부모 새는 아기 새에게 나는 법, 우는 법 등을 가르친다. 사람이나 동물이나 겉만 보고 단정 짓는 것은 선입견일 뿐 금물이다. 까마귀를 흉조라고 단정 짓고 멀리하는 것은 사람들이 만들어낸 이미지에 불과한 것이다. 오랫동안 사람들과 살아온 똑똑한 새, 까마귀에 대한 오해가 불식되고 새롭게 인식돼야겠다.

늘 그랬던 것처럼 오늘도 까마귀가 정원 나무 꼭대기에서 까~악 까~악 울어댄다. 불길하거나 재수 없다는 생각보다는 긍정적인 생각을 먼저 갖는다. 먹잇감을 찾는 것일까, 이젠 새 짝을 찾는 것일까. 오늘은 좋은 소식이 있으려나, 엷은 미소를 지으며 응시한다. 부부 까마귀의 애틋한 사랑이 무엇인지, 잘못 알고 있는 까마귀의 삶과 정신을 되돌아보게 한다. 【2021.03.18.】

하루 귀양살이

조선시대 선비들이 죄를 지으면 자리에서 밀려나 귀양살이를 했다. 다산 정약용이 강진으로 귀양 갔을 때 인생이 무너져 내리는 순간이었을 것이다. 참수되거나 유배로 인해 벼슬길이 막히고 가문은 물론 희망조차 사라진 현실이었다. 그러나 정약용은 인생의 황금기를 유배지에서 보내며 고립된 생활을 이겨내며 자신의 학문을 심화시켜 저술활동으로 활용했다. 18년이라는 긴 세월 동안 선비의 기개를 잃지 않고 꿋꿋하게 버텨낸 고난의 시기였다.

40년 간 첫 직장생활을 마치고, 실업급여로 쉬면서 정리한 처녀 수필집을 발행하고 재취업했다. 마음에 차지 못한 것이 더 많지만, 젊은이들의 취업난과 코비드로 어려운 시기에 무슨 일이든 할 수 있는 공간이 주어진다는 것에 더 큰 의미를 두고 둥지를 틀었다. 재취업의 근무형태가 귀양살이로 표현하는 것은 큰 무리지만, 일박 교대 근무로, 좋은 뜻의 현대판 하루 귀양살이로 의미를 부여해 본다.

그 시절 귀양살이는 집과 멀리 떨어진 곳에서 속죄하는 마음으로 살아간다지만, 나의 하루 귀양살이는 하루 출퇴근이 즐겁고 일박이 행복한 마음으로 살고 있다. 인생은 마음먹기에 달려 있기도 하지만, 뜻대로 되지 않는 것이 인생이다. 또한 스스로의 판단과 선택으로 책임도 따르는 것이 인생이다.

오랜 세월 귀양을 마치고 고향으로 돌아간 다산은 학문적 업적뿐 아니라 삶의 철학적 태도도 귀감이 되는 인물이었다. 하루 일하고 하루를 쉬는 근무로, 내겐 업무가 끝나는 시간 외에는 독서와 글쓰기로 소일하지만, 정신수양을 할 수 있는 정말로 좋은 환경이다. 마음만은 귀양살이를 하는 비장한 각오로 하루를 소중하고 귀하게 보내고 있다. 또한 쉬는 날에는 나들이로 교통이 편리하고 평일이기에 어느 곳이든 밀리거나 지루함이 없다.

귀양살이 선비들은 먹는 것에도 생각이 흐트러지지 않았다. 쌀밥 한 공기에, 보리밥 한 공기, 어리굴젓 한 젓가락, 푸성귀 나물 한 조각 먹으면 마음이 더 맑아졌듯, 저녁엔 잡곡밥 한 공기, 채식 위주의 식단으로 가볍게 먹고 나면 속이 든든할 리 없지만 선비의 마음으로 마음의 양식을 취하고자 책상 앞에 앉으면 맑아진다.

하루 귀양살이 공간은 공장지대로 밀집된 한 기술교육원이다. 낮에는 기계 소음보다는 새들의 쉼터로 노래 소리 끊이지 않는, 숲속의 정원이라고 착각할 만큼 정숙하고 아늑하다. 직원들이 퇴근하고 나면 근무는 연속이지만, 교육원의 밤은 고요하게 깊어간다. 마치 도서관이나 독서실 같은 분위기이다. 굳게 닫힌 문, 한겨울 보일러의 열기는 마음속 깊은 곳까지 포근하게 감싸준다.

요즘 역사에 관심을 가지고 책을 가까이하고 있다. 인천은 내가 태어난 고향에서의 삶보다도 더 오래 살아온 제2의 고향이다. 하지만 살고 있는 부평의 역사나 인천의 역사, 우리나라의 역사 지식은 무지하다. 부평 동네에서 오래 살았지만, 진정 동네를 사랑하는 마음이 무엇인지 헤아리지 못하고 살았다. 지역에 대한 유래나 역사는 조금도 고민하며 살지 못했다. 수없이 반복되는 그 길이나 건물을 지나쳐도 아무런 감흥이나 뉘우침 없이 살았다.

거주지 동네에 역사나 유래를 알지 못하고 살아가는 것은 참 부끄러운 일이다. 마치 내 조상의 뿌리를 잊고 지내는 것 같아 마음이 편하지 않다. 그저 하루 세 끼 챙겨 먹고 무탈하는 인생이라면 사회적 동물이라 할 수 없는 일이다. 재취업과 함께 하루 귀양살이로 내가 살고 있는 부평의 역사부터 독서를 통해 이해하고 답사를 통해 느껴보고 싶다.

하루 귀양살이 숲속의 정원은 밤이 깊으면 자기개발도 깊어져간다. 역사책을 읽거나 글을 쓰거나 서예를 하곤 한다. 지루하지 않고 시간도 물 흐르듯 흘러간다. 득이 쌓여 마음까지 풍성해지는 한밤이다. 귀양 간 선비들은 대부분 자기반성이나 자기성찰을 통해 내일에 대한 여망이나 전망 등을 설계하며 발판의 계기로 삼았다. 자기의 생을 다시 가다듬을 수 있는 기회의 시간이기도 했다.

나는 40년 간 직장생활에서 경험해 보지 못한 일일 교대근무로 최고의 시간을 혜택 받은 특별한 삶이고 즐거운 생활이다. 한순간도 헛되게 보내지 않기 위해 선인들의 삶을 반추하고 실천하고 싶다. 숲속의 정원에서 지낸 지 몇 달이 지나자, 동사무소, 박물관, 구청 등 발품을 팔아 인천의 역사책을 구입해 탐독한 뒷맛은 처절하고 몹시 안타까웠다. 눈을 뜨고 다녔지만 장님이나 다름없는 삶이었다. 어느 건물을 지나가면 보이기 시작했다. 그곳 역사의 유래가 조금씩 떠오르기 시작했다.

거주하고 있는 단지 앞 부평공원이 그렇고, 미군부대가 그랬다. 등하불명이다. 지금의 부평공원은 일제강점기 시절, 홍중(히로나까)이라 불렀다. 일제가 대륙침략의 꿈을 안고 이 자리에 육군 조병창의 부품제조업체인 홍중이라는 군수공장이 들어섰다. 홍중 공장이 2년 후 삼능(미쓰비시)으로 넘어가 명칭이 바뀌었다가 해방 후 한국

군 88정비부대가 있던 곳이다. 이 공장에 공원이 되기 위해 한국의 청년들이 전국에서 모여들었다. 취업이 되면 탄광으로 끌려가는 강제징용이나 징병은 면했다고 한다. 한국 젊은이들에게 화를 피할 수 있는 징용 피신처였다.

미군부대는 에스컴 시티라고 부르기도 했다. 1910년 한일합병으로 조선을 식민지한 일본은 대륙침략을 위한 병참기지로 육군조병창을 건설한다. 그 과정에서 근로보국대라는 이름으로 학생들을 공장에 강제로 동원하여 군수물자 생산에 투입했다. 그 어린 학생들이 탄광에 끌려가 강제 노역을 하는 것이나 다를 게 없는 치욕스러운 일이다.

이 땅은 배신과 탐욕으로 민족의 운명을 팔아넘긴 친일의 역사가 있다. 1800년대 말까지 민영환의 땅이었다가 송병준에게 넘어간다. 송병준의 후손들로부터 오랫동안 국가를 상대로 한 소유권 주장을 해왔으나 친일재산 특별법에 따라 국가소유로 결정된 역사 속의 굴곡진 땅이다. 뼈아픈 역사를 지닌 이 땅이 인천시민에게 돌아온 것이다.

캠프마켓은 벽돌로 쌓은 철옹성처럼 일반인들에겐 출입이 불가한 구역이었다. 미군기지 앞에서 30여 년을 살면서 한 번도 기웃거려 보지 못한 곳이다. 그러던 2020년 10월 14일, 시민들에게 개방되었고, 들뜬 마음으로 견학하게 됐다. 그곳에는 1만 명 안팎으로 추산되는 조선인이 강제동원 돼 배고픔과 열악한 처우에 시달리면서 노동력을 착취당한 곳이었다. 일제강점기에 지은 건물들은 그대로였지만, 노역을 감내해야했던 선인들의 환청만 구슬프게 들리는 것 같아 마음이 시렸다.

재취업의 마음은 감사함이고 근무방식은 나름 하루 귀양살이로 삼아 올바른 정신을 계승하기 위함이다. 또한 동네에 대한 부족한 지식의 비타민을 역사 인식으로 채운다면 자신을 재발견할 수 있고, 고장을, 인천을, 나라를 사랑하는 마음이 철학으로 꾸물꾸물 살아나지 않을까. 선비들이 귀양에서 정신수양을 하듯, 하루 귀양도 내실을 기할 수 있는 수양을 쌓기 위함이다.

다산은 예순에 내공을 비우고 새롭게 시작한 공부가 소학이라고 했다. 나는 환갑에 새롭게 시작한 공부가 역사이다. 학교에서 배운 공부는 인생의 공부가 아니다. 한 갑자 동안 내 안의 채워진 것은 얼마나 될까. 모두 덜어내고 다시 채워나가리라. 퇴직 후 나의 삶과 정신은 정체가 아니라 도전하는 삶이다. 내게 주어진 삶을 새롭게 시작하는 일이다.

새벽에 일어나면, 숲속의 정원 앞들에 비질을 하면서 마음을 들여다본다. 내가하는 일이 옳은 것인지, 행여나 말로만 내뱉고 실천하지 않았는지 돌아본다. 재취업으로 맞은 새로운 인생, 나를 찾고 채우기 위해 마음을 비우는 습관을 들인다. 새 쌀부대에 담는 심정으로 우리 선인들의 발자취를 더듬어 좋은 것은 받들고 계승하며, 슬픈 역사는 다시 겪지 않도록 역사를 바로 알고 정신무장을 해야 한다. 나라를 지키는 것이 나를 있게 하는 일이고, 인생의 공부, 마음의 공부는 환갑부터이다. 【2021.4.25.】

대필

모래사장과 바다가 시원하게 펼쳐졌다. 썰물에 해변 쪽을 보니 산악 오토바이가 바닷물에 녹슨 유물처럼 줄지어 늘어섰다. 발길을 옮기자 누군가 부르는 소리가 들렸다. 주위를 둘러보니 구봉도 바닷가에 혼자 덩그마니 서 있다. 한 남자가 조그만 판잣집 창문으로 얼굴을 내밀고 여기요 하며 손짓한다.

영문도 모르고 이끌리듯 남자가 부르는 곳으로 다가갔다. 대뜸 글 좀 적어 주세요. 대답할 겨를도 없이 말을 이었다. 아저씨가 글을 잘 쓸 것 같아 불렀어요. 색 바랜 안내문을 보여주면서 저보다는 잘 쓸 것 같아서요. 당돌했지만 기분은 좋았다. 사십 대 후반으로 보이는 산악 오토바이 주인은 장판 쪼가리를 방바닥에 깔아 놓고 매직으로 써 달란다. 참 넉살 좋은 양반이다 싶다.

옆에 있던 내자는 사람 볼 줄 아시네요. 제 남편이 글을 잘 쓰거든요. 하고 거든다. 그보다 주인장이 더 안목이 있어 보였는지 자리 까셔야 하는 거 아닌가요. 남자는 털털하게 웃고 만다. 해변에서 오토바이를 이용하는 손님들이 볼 수 있도록 안내문을 적어 달라는 것이다. 이용요금 입간판이 없는 것을 보니 궁색한 나머지 장판 쪼가리에 적어 줄지어 서 있는 오토바이 위에 걸쳐 놓으려는 모양이다.

안내문을 적고 있는데 밖에서 손님들이 웅성거린다. 급히 자리를 비우는 주인에게 내자는 오토바이 좀 탈 수 있나요. 한다. 그럼요, 산책하고 와서 타든 지금 타든 태워 드려야지요. 아무 때나 오세요. 쪼가리에 적은 안내문이지만 악필보다는 대필을 해서라도 깔끔하게 보여주고 싶은 주인의 심정이 간절했음이다. 손님들을 먼저 생각한 주인의 마음을 헤아릴 수 있으니 안내문을 잘 적어 놓고 돌아서는 발걸음이 가벼웠다.

대필하면 애경사 봉투가 대부분이다. 행정업무를 맡으면서 동료들에게 알려져 애경사가 있을 때면 늘 청을 받곤 했다. 특별히 펜글씨를 배운 적도 없고, 부모님의 필체가 좋아 물려받은 것도 아니다. 악필은 아니었기에 추억 록 작성과 분임토의 발표 시 전지에 매직 글씨가 많은 도움이 되었다.

글체가 좋은 사람은 주위에도 많다. 드러내지 않거나 겸손해 할 뿐이지, 자신도 놀랄 만큼 뛰어난 글체를 가지고 있어 닮고 싶은 적이 많았다. 예전만 해도 봉투와 펜을 들고 와서 부탁하면 남이 못하는 한 가지 재주를 내 손으로 이뤄내는 것 같아 뿌듯하고 즐거웠다. 더구나 붓 펜이 나오면서 필체에 자신감이 더해졌다. 대필 봉투를 받아든 동료는 대서소를 차려도 좋겠다고 농담 섞인 답례를 하곤 했다.

글체야 조금 서투르고 투박함은 어떤가. 모든 것은 정성이 담겨 있으면 그것으로 충분한 일이다. 간혹, 한글, 한자가 악필이라 청하는 경우와 기왕이면 다홍치마를 선호해 부탁하는 경우가 종종 있다. 그러다보니 애경사에 필요한 한자나 글씨를 자연스럽게 공부하게 되니 일석이조가 아닌가.

추억 록은 대필보다는 명령으로서 강제성이 짙다. 지금의 군대는 추억 록이 사라졌지만 팔십 년대 초 복무시절, 제대병의 필수품이었다. 중대 내에서 글 좀 쓴다는 병들은 입소문에 불려 다녔다. 일명 차트 병은 훈련에서 열외가 없었지만 소대 내에서 대우 받으며 생활했다. 메뚜기도 한철인 셈이었다.

군가와 내무생활, 훈련생활 등 그림을 곁들여 만든 앨범이다. 훗날 군 생활을 돌아볼 수 있도록 재능 있는 후임 병이 추억 록을 제작해 제대병에게 선물하는 일종의 기념품인 것이다. 까다로운 선임병을 만나 여간 불편한 게 아니었지만 돌아보면 모두가 젊은 시절 한때의 추억들이다.

깊은 산속, 식당에서 모임이 있었다. 외관의 정갈한 안내 문구와는 달리 실내 차림표 문구는 눈살을 찌푸릴 정도로 낡았다. 식사를 하면서도 색 바랜 화선지에 눈길이 쏠렸다. 붓글씨로 써내려간 메뉴들이 금방이라도 떨어질 것 같이 천방지축으로 쓰여 있어 관심을 갖게 했다.

한창 서예를 배우고 있었던 시기라 주인에게 조심스럽게 물었다. 손가락으로 메뉴판을 가리키며, 혹시 사장님의 작품이신가요. 했더니 작품이라니요, 그놈의 붓글씨를 배웠는데 아무리 써도 발전이 없어요. 보기 흉하죠, 한다. 줄이야 삐뚤어지면 어떻고 글체야 투박하면 어떤가. 또박또박 눌러 쓴 정성은 배어 있으니 족했다. 예술로 보면 그만인데, 손님들에게 메뉴로써 읽혀지다 보니 토시 하나 틀리면 안 되는 일이다.

안주인이 나서더니 우리 집 양반이 글체가 안 좋아요. 아저씨가 써 줄래요. 젊은 사람이니까 잘 쓰겠죠. 종이도 있고 붓도 있어요. 하며 가져올 듯이 밀어 붙였다. 어떻게라도 대필을 해야 할 입장이었다. 능력보다는 용기를 앞세워 써보고 싶어졌다. 주인의 간절함도 있고 악필은 아니니 써볼 만했다.

식사가 끝나고 친구들이 커피를 마시고 있을 때 화선지와 붓이 주어졌다. 막상 멍석을 깔고 보니 긴장이 밀려왔다. 손님들이 늘 바라보며 주문할 메뉴 안내문이 아닌가. 잘 써야겠다는 생각보다는 편하고 자유롭게 물 흐르듯이 적어보고자 했다. 커피 한 잔 마실 동안 메뉴 한 판을 한글 예서체로 적어냈다. 깨끗한 화선지에 반듯한 서체로 구성까지 맞춰 정성을 담아냈다.

한 번에 족하면 좋은 작품이 나오지 않는 법인데 다시 쓸 화선지 여분이 없단다. 주인은 박수를 치며 좋다고 한다. 정말 잘 쓰네요. 이런 줄 알았으면 밥값 깎아 주는 건데요. 한다. 아닙니다. 마음에 드신다니 그걸로 족하지요. 사업 번창하세요. 하고는 즐겁게 식당을 나서니 마음이 뿌듯했다.

어느 날부터인가 심심찮게 대필할 일이 생겨 차 한구석엔 붓과 화선지를 챙겨가지고 다니는 습관이 생겼다. 어떤 일이 주어질지 알 수 없기 때문이다. 아무리 부족한 것일지라도 나보다 못한 사람에겐 재능 기부가 될 수 있겠다는 생각이 들었다. 보잘 것 없는 솜씨가 상대방에겐 기쁨이 된다는 사실을 현장에서 깨달았을 때 조그만 보람도 느끼곤 했다.

사람은 누구나 한 가지씩 재능을 가지고 태어난다고 한다. 본인의 재능을 발견하지 못했거나 그것을 개발하려 노력하지 않고 있을 뿐이다. 내게 주어진 재능은 무엇일까. 특별하게 내세울 건 하나도 없다. 그저 나보다 못한, 내 재능이 필요한 분이 있다면 아낌없이 주고자 한다. 그 기쁨은 받는 사람보다 배가 된다는 것을 잘 알기 때문이다. 내 삶은 대필하듯 살 수 없지만, 재능 기부와 같은 대필 능력은 많은 사람들에게 나눌수록 세상은 아름답고 향기롭지 않을까.

대필을 통해서 열심히 살아가는 사람들의 모습에 박수를 보낸다. 장판 쪼가리로 안내 문구를 적어 달라는 당돌한 주인이나, 맛으로

승부하기에 낡은 화선지의 차림표 글을 까맣게 잊고 지냈던 어느 식당 주인의 삶이 힘겨워 보였다. 하지만 보잘것없는 대필문구에 환하게 웃으며 즐거워하는 모습을 보고 큰 보람과 성취감을 느꼈다. 자신의 소소한 재능이 누군가에게 기부하는 인생으로 살아가는 것은 모두에게 풍요로움을 선사하는 일이다. 【2015.11】

인터넷

오전에 휴대폰 벨이 유난히 많이 걸려왔다. 그 중에 긴장하고 받아야 하는 벨이 있었다.

“너, 류인복이지?”

U시에 있는 학교명을 대며 그 학교 출신이지하며 내 속을 들여다보듯 반말일색이었다. 내심 건방지고 예의 없는 사람이구나 싶었다. 전파를 타고 들려오는 목소리는 나보다 연배인 듯했으나 분명 알 수 없는 사람이었다. 난 그저 대답만 반복했다.

“나, 강리성이야, 모르겠어?” 또 반말이었다. 정말 알 수 없었다.

“누구신지요?”

겨우 그 말밖에 할 수가 없었다. 그러자 나를 생생하게 기억하고 있다며 해병 훈련소 시절 찍었던 사진 이야기를 꺼내었다. 그때서야 이름은 금방 떠오르진 않았지만 인상착의나 품성 등이 연상되었다. 포항 신병 시절 목재 침상에서 함께 전우애를 나누었던 동기였다. 작은 키에 왕 눈과 두툼한 입이 인상적이었고, 전우애가 남다른 해병이었다. 동기를 찾은 것이다. 내겐 놀랄 만큼 신기한 일이었다. 인터넷의 효력을 톡톡히 본 셈이다.

얼마 전 사내 해병전우회 사무실에 들렀다가 게시판에 걸린 일간지의 기사를 본 일이 있었다. 한 해병 전우가 급한 수혈을 필요로 한다는 기사가 인터넷에 실리자 현 해병사령관 이하 많은 전우들이 위급한 상황에 처한 전우를 돕기 위해 헌혈을 하겠다고 유감없이 전우애를 발휘해 역시 해병이라는 칭송을 아끼지 않았다는 기사였다.

기사 말미에는 해병전우회 사이트가 공개되어 있었다. 어느 날 메모해 두었던 사이트를 열어보니 이산가족을 찾듯 군 생활을 했던 동기들을 찾아보고 싶은 생각이 들었다. 두 번에 걸쳐 기사를 올렸고, 그 기사를 읽어 본 동기는 내게 한 달 만에 전화를 걸어준 것이다. 반갑고 흐뭇했다.

동기는 수원에서 자영업을 하고 있다고 한다. 비록 음성으로는 알 수 없었으나 동기라는 사실을 알게 되자 어느새 내 말투도 반말로 변했다. 아홉 명의 동기들끼리 어울려 대포 잔도 기울이며 추억을 반추하곤 한단다. 수원에서 둥지를 틀고 다들 사업을 한다는 아홉 명의 동기를 찾은 것이다. 한동안 잊고 지냈던 동기들을 찾을 수 있었으니 이 얼마나 행복한 일인가. 잠시 동안의 통화로 천군만마의 병사를 얻은 것처럼 마음 뿌듯한 하루였다.

집으로 돌아와 추억의 앨범을 뒤적이자 동기의 사진이 펼쳐졌다. 탈색이 되어 바래긴 했지만 기억 속의 모습 그대로였다. 훈련이 끝나고 순검 준비를 하다가 찍은 사진이었다. 긴 세월 동안 앨범 속에 갇혀 있던 사진을 인터넷 덕분에 다시 돌아볼 수 있었던 것이다. 이 계기로 동기들을 만나고 안부도 나누며 지난 추억을 반추하곤 한다.

인터넷의 위력은 정말 대단했다. 지난 가을 포도를 판매한 적이 있었다. 큰동서가 재배한 과수 중 포도가 풍작이었다. 예전의 판매 방식으로 헐값에 넘긴다면 타산이 맞지 않아 시름만 안겨줄 뿐 걱정과 고민을 하고 계셨던 것이다. 힘이 들더라도 직접 돌아다니면서 팔아야 수확한 보람이 있지 않겠냐 하며 울먹이셨다.

방법을 모색해야했다. 농장에 내려가 직접 포도 맛을 보고, 시중에서 팔리고 있는 같은 품종의 포도와 백화점 진열대에 있는 포도도 먹어보니 이 정도의 상품이라면 나름대로 매매할 수 있다는 자신감이 생겼다. 재배한 포도의 크기는 작았지만 시중가격의 반값에 당도도 월등히 좋았기 때문이다.

다음 날, 내가 살고 있는 아파트 단지 내에서 판매해 보자고 전화를 드려 약속 날짜를 잡았다. 단지에서만으로 판매는 힘들지 않을까 고심 끝에 사내 인포맨 알림방에도 판매 안을 올렸다. 회사부도로 급여가 지급되지 못하고 있는 실정이었기에 걱정은 되었다. 큰동서에겐 접수현황을 파악한 후 말씀드리기 위해 독단으로 게시한 것이었다. 아내는 단지에서 판매망을 위한 구축 활동에 들어갔고, 난 구매 홍보를 위해 뛰었다.

당일 포도 차량은 단지에 도착했고, 다 팔릴 수 있을까 하는 걱정에 밝지 못한 표정으로 판매가 시작되었다. 다행히 행인이 많은 백화점과 단지 내 거리였기에 값을 묻고 맛을 보려고 사람들이 모여들기 시작했다. 내가 팔 수 있다는 신념을 가질 수 있었던 것은 당도였다. 소비자인 이곳 주민들에게 중요한 것은 값이나 양보다는 질이라는 생활수준을 잘 알고 있었기 때문이다. 단지 내에서 포도를 사겠다는 주민들이 구전으로 이어져 소문을 듣고 찾아오기도 했다. 상자가 팔려 나가면서 먹구름이 개듯 환한 얼굴로 변했다.

한나절이 되어 알림방을 통해 접수된 포도 상자를 인수하고 나니 바닥이 드러났다. 다행스럽게 생각하는 마음으로 하루를 접었다. 값은 문제가 아니었다. 소비자에게 결정적이었던 것은 상품의 고당도와 새벽에 수확했다는 신선도에 있었다. 포도 맛을 본 주민들이나 회사 동료들의 한결같은 이야기는 더 살 수 없냐는 질문이었다. 때문에 한 대 분의 포도를 더 팔았던 적이 있었다.

이 또한 인터넷의 판매망 덕분이었다. 어려운 시기에 동료에게 아무리 좋은 상품을 선전한들 설득력은 떨어진다. 누구에게 소개받아서 상품을 사는 경우도 있겠지만, 이젠 스스로 맛을 보고 직접 평가하고 사려는 현명한 사람들이 더 많아진 것 같다. 샘플을 챙겨서 맛을 보게 하고 알림방을 통해 접수를 받은 것이 주요했던 것이다. '두드려라 그러면 열리리라'는 말이 있다. 아무리 어려운 현실이 닥쳐도 이겨내려고 하는 의지만 있다면 해낼 수 있다는 평범한 진리를 깨달은 것이다.

이제 인터넷은 없어서도 몰라서도 안 되는 필수품으로 되어가고 있다. 그 실효성뿐만 아니라 가치에 이르기까지 전국은 물론 전 세계까지 통신망이 구축되는 현실에서 정보의 마당에서 자유롭게 뛰고 헤엄치기 위해서는 꼭 필요한 문명의 이기 물을 다룰 수 있어야 한다. 컴맹에서 탈출하는 것이야말로 오늘을 살아가는 현대인이기 때문이다.

얼마 전, 한 경찰서에서는 인터넷 통신망을 이용해 이산가족을 찾아주겠다고 신문에 발표된 기사를 읽은 적이 있다. 아무리 인터넷이라도 개인의 이력이나 신상조회는 경찰서가 아니면 가능한 일이 아니다. 남북한 정상회담이 이뤄지는 뜻 깊은 해에 발맞추어 발표된 기사는 실향민이나 이산가족에겐 뜻 깊은 일이 아닐 수 없다. 고향을 지척에 두고도 반세기 동안 남남으로 살아야만 하는 실향민의 설움과 어디에서 살고 있는지 알 수 없어 떨어져 살고 있는 이산가족의 아픔을 얼마만큼 그 상처를 아물게 다스려 줄지 기대 또한 큰 것이다.

인터넷을 통해 진한 기쁨을 만끽했다. 전우를 찾은 것도 큰 기쁨이었고, 농산물 판매에 일조한 사실도 큰 즐거움이 아닐 수 없다.

또한 이산가족과 실향민에 대한 아픔과 설움까지도 깔끔하게 해결해 줄 수 있다면 얼마나 좋을까. 날로 발전하는 정보통신으로 인터넷이 우리에게 미치는 영향은 클 것이 분명하다. 남북통일의 징검다리 역할까지도 충분히 해내리라 의심치 않는다.

인터넷은 이제 하루 일과로 자리를 잡아가고 있다. 각종 정보를 공유할 수도 있지만, 문학에 필요한 정보들을 수집하거나 장기간 동안 기억이나 보관을 대신해 줄 수 있기 때문이다. 특히 문자를 통해서도 사랑을 전하고 느낄 수 있다는 것과 진한 감동도 맛볼 수 있으니 금상첨화가 아닌가. 메일을 통해 신속한 정보교환을 할 수 있다는 것도 큰 장점이다. 앞으로는 인터넷 세상에서 더 많은 정보홍수가 예상되는바 경주를 늦추지 말아야겠다. 【2012.09】

물

불혹이 지난 나이에도 순간순간 물을 절약하기보다는 편리함을 내세워 자유롭게 지내왔다. 세상에 영원한 것은 없다지만, 물만은 영원히 풍족할 것만 같았다. 그러다보니 물의 소중함을 깨닫기까지 너무나 많은 시간이 걸렸다. 십 년 후 우리나라는 물 부족국가가 된다고 한다. 요즘 수입품이 홍수를 이루고 있는데 물까지 수입해서 먹을 수는 없다. 국민으로서 부끄럽고 자존심 상하는 일이다.

인구밀도가 높은 우리나라의 1인당 물 소비량은 409L로 세계최고수준이라고 한다. 물이 부족한 나라라고 할 때 우리들의 물 절약 수준이나 평균 강수량이 세계수준에 미치지는 못하지만, 한여름에 내리는 비를 측정하면 우리나라가 물 부족 국가라는 것이 믿기지 않는다.

상상을 초월할 만큼 한여름에 내린 비는 어디로 다 흘러갔을까. 우리나라엔 그 많은 물량을 저장해 둘 만한 댐 건설이 부족한 실정이다. 물론 가정에서 직장에서 절약하는 물도 큰 효과를 보고 있다. 그러나 댐만 하랴. 그러다보니 쓸 수 있는 물이 부족한 것이다. 물에 대한 냉정한 의식의 전환이 필요하다.

대부분 여름 한철에 비가 오기 때문에 겨울과 봄에는 늘 가뭄에 시달린다. 그 옛날 이웃 논에 고인 물을 몰래 자기 논으로 빼돌리다 싸움을 하는 경우도 있었다. 앞으로는 물 부족 같은 환경 재난 때문에 전쟁이 일어날 수도 있다. 물이 부족하면 농사짓기가 힘들어 생산량이 줄어들기 때문에 식량 위기도 닥칠 수 있다. 물 부족이 얼마나 심각한 일인지 경각심을 가져야 할 때이다.

얼마 전 단지 엘리베이터 내에 알림지가 붙었다. 물탱크 청소와 상수도 공사로 단수가 된다는 것이었다. 며칠 후 퇴근해 돌아오니 집안 분위기가 어수선했다. 단수로 미처 물을 받아 놓지 못해 벌어진 일이다. 단수로 불편한 것이 한두 가지가 아니었다. 식수(食水)는 약수 물로 해결할 수 있지만, 세탁과 생리현상은 버거웠다.

평소 오르지 않던 약수터엘 몇 번이고 다녀와야 했다. 힘겨웠기에 손 한 번 씻기도 아까웠다. 물이 있을 땐 소중하거나 고마움을 알지 못했다. 그러나 발품을 팔아 약수를 떠오다보니 그렇게 소중하고 중요하게 느껴졌다.

머리로 하는 절약과 소중함은 누구나 할 수 있다. 오늘처럼 물에 대한 소중함을 절실하게 느낀 적은 없었다. 한순간 단수 알림을 숙지하지 못해 겪었던 불편한 일들은 그동안 나태한 사고방식에서 빚어진 일이고, 내게 많은 정신적 교훈을 안겨주었다.

며칠 전, 모 방송국 X파일에서 '인도의 늙어버린 청년'이라는 프로그램을 시청한 적이 있다. 세상의 한 사람으로서 우리나라의 물을 먹을 수 있는 것만으로도 행복했다. 물은 일용할 수 있는 양도 필요하지만, 질도 매우 중요함을 깨달았다. 인도 청년은 플로라이드(불소) 성분이 든 물을 먹어 늙었다고 한다. 그들도 물은 소중했고, 그 환경에 처해있는 물을 먹을 수밖에 없었을 것이다.

물의 소중함을 깨닫고, 물 절약방법으로 이 위기를 극복해 나가야 한다. 어느 한 순간에 해결될 일이 아니다. 하루 세 끼 식사를 하듯 생활 속에서 습관으로 자연스럽게 녹아들어야 한다. 그럴 때만이 물 부족국가라는 꼬리를 뗄 수 있다. 수입물을 먹지 않기 위해서는 절약하는 방법도 중요하지만, 빗물을 장기적으로 잘 관리하는 대책도 매우 중요하다.

물이 없다면 어떻게 될까. 몸엔 수분이 칠십 프로를 차지한다. 그만큼 몸은 많은 수분을 필요로 한다. 단기간의 단수생활을 경험해 보았지만 물을 먹지 않고 살 수는 없다. 그뿐인가. 청결하지 못한 생활로 각종 질병들이 발병하게 되고 행동반경에도 제한을 받게 된다. 물은 절약하는 습관으로 생활화해야 한다. 내 가정부터 절약하는 방법을 터득해 몸소 실천해야 한다.

자린고비 형 절약보다는 평소에 무심히 사용하던 습관만 바꾸어도 대단한 절약을 할 수 있다. 세안이나 양치질, 그리고 설거지를 할 때 수돗물을 틀어 놓고 했지만 이 습관을 바꾸면 많은 양의 물을 절약할 수 있다. 변기에는 벽돌이나 PT병을 넣어서 사용량을 반으로 줄이고 세탁도 자주하는 습관에서 한 번에 처리하는 절약 방법을 사용해야 한다.

먹는 물에서 화장실 변기에 사용하는 물까지 모두 수돗물을 사용하고 있다. 세수한 물은 버리지 않고 화분에 물을 주거나 발을 씻는다. 중수도를 설치해서 물을 다시 사용하는 것도 괜찮은 방법이다. 목욕할 때에 쓴 물이나 부엌에서 사용한 물은 조금만 거르면 다시 쓸 수 있다.

거시적으론 녹색 댐이 필요하다. 전국에 나무가 울창한 산을 만드는 것이다. 산에 내리는 비는 곧바로 땅으로 떨어지지 않고 큰 나무의 잎에 떨어졌다가 가지를 타고 내려가 뿌리로 스며든다. 뿌리에 스며든 물은 계곡을 따라 흘려보내곤 한다. 가뭄이 들면 녹색 댐에 저장된 물을 방출하고, 비가 많이 와도 울창한 산이 있으면 걱정할 필요가 없다. 산은 많은 양의 빗물을 받아 두기 때문에 홍수가 날 염려가 없기 때문이다.

어릴 때 마당에는 항아리가 놓여 있었다. 비가 오면 빗물을 한가득 받아 놓았다. 어느 집이나 장독대 옆에 물독대가 있었다. 받아놓은 빗물로 청소도 하고 빨래도 했는데, 빗물로 빨래를 하면 때가 더 잘 빠지곤 했다. 인천의 문학경기장은 지붕에 떨어지는 빗물을 받아 두었다가 잔디와 나무에 물을 주거나, 건물 청소를 하고 화장실에서 사용하는 물로 활용한다고 한다.

수자원이 부족하면 생활은 물론 경제까지 타격을 받는 것은 물 보듯 훤하다. 물의 소중함을 인식하고 절약하는 데 너와 내가 따로 없다. 석유 한 방울 나지 않는 나라에서 석유를 수입해 쓰는 것도 분통이 터지는데 물까지 수입해서 먹을 수는 없다. 또한 후세들에게 대물림할 수도 없다.

대물림을 막기 위해서도 생명수를 사수하기 위해서도 우리는 깨어야 한다. 느껴야 한다. 한 방울의 물이라도 아끼고 사랑해야 한다. 그리고 행동으로 실천해야 한다. 내일을 위해 물 사랑 운동에 모두가 앞장서자. 생명수인 물을 내 몸 다루듯 아끼고 사랑할 때 목숨과도 같은 물은 지켜지는 것이고, 수입물은 절대 먹을 수 없다는, 우리의 자존심도 반드시 회복할 수 있는 것이다. 【2010.04.28.】

빨랫비누

빨래를 하면 마음의 낀 이끼를 닦아낸 것처럼 상쾌하다. 마치 목구멍에 걸렸던 이물질이 물 한 모금이나 밥 한 술을 삼키면 씻기어 내려가듯 시원하고 후련하다. 삶의 찌든 흔적들이 옷가지를 통해서 묻어나오면 무거운 마음의 흔적까지 깨끗이 씻어내고, 가벼워진 옷가지를 날개 삼아 걸치면 마음까지 산뜻해진다.

세탁물은 몰아서 하기보다는 그때그때 해결한다. 자취생활 시절부터 시작된 습관이다. 모아서 세탁기로 돌리면 번거로움과 수고로움도 덜어서 좋겠지만, 모으는 동안 환경미화에 좋지 않고, 원하는 옷이 세탁 대기 중에 있어 입지 못하는 불편이 따른다. 하지만 자주 하는 세탁은 손빨래로, 불편한 큰 빨랫감만 세탁기를 이용하면 부지런함이 불편함을 대부분 해결해 준다.

그러다 보니 세탁비누를 자주 사용한다. 세탁기의 발전과 세제의 고급화로, 손으로 빨래하는 사람들은 자연히 감소하면서 세탁비누의 자리가 사라지고 있는 시점이다. 자연스러운 현상이지만, 양말이나 손수건 여름 옷가지 등 손빨래로 충분히 해결할 수 있는 것이어서 손품을 팔면 집 안은 더욱 깔끔해진다.

세탁비누는 내 시야에서 항상 존재했다. 운동화나 양말을 빨면, 이미 마음은 건조된 운동화와 양말을 신고 있는 듯 했다. 물이 닿는 손바닥에 감촉이 좋았고, 비누로 더러운 면에 칠하기만 해도 분해되는 모습이, 문지르면 땟국 물은 바닥으로 유유히 밀려나간다. 나간 만큼 문질러 손아귀 세례를 받은 빨랫감은 새 옷으로 환하게 웃음 지며 새것으로 부활한다.

어느 날부터 폐식용유로 만든 세탁비누가 인기를 끌었다. 시중에서 팔기도 하고 많은 사람들이 집에서 만들어 사용하기도 했다. 어머니는 노점에서 폐식용유로 만든 비누를 사왔다. 촉감도 좋았고, 더러움도 잘 빠졌다. 그날부터 일반 세탁비누는 뒷전이었고, 폐식용유로 만든 빨랫비누에 신기할 정도로 손이 많이 갔다.

어머니는 집에서 세탁비누를 만들었다. 집 앞 통닭집에서 폐식용유를 얻어와 물과 오일, 가성소다로 만드는 방법을 듣고 온 모양이다. 처음엔 몇 번씩 사용할 수 없을 만큼 실패작이었다. 힘들다는 만류에도 접지 못하고 끝내 만들어냈다. 빨랫비누를 사용하면서 어머니는 자신이 만든 비누로 자식이 사용하는 것이 뿌듯했는지 입가에 미소를 지었다. 소일거리가 생겼던 어머니는 더 만들어야겠다는 생각에 닭 집에 기름을 부탁하곤 했다.

어머니는 비누 만드는 일에 재미를 붙였다. 한 달에 한두 번 정도지만 폐식용유를 가지러 가는 날엔 어린아이 소풍가는 마음처럼 들뜬 기분이었다. 거실에 늘어놓고 작업하는 과정에서 허리가 아프다 하면서도 행복한 웃음을 잃지 않았다. 농사를 짓던 어머니가 도시에 살면서 잠자고 있던 손맛의 재능을 선보였던 것이다.

만든 비누는 지인들에게 나눠주기도 했다. 하지만 많은 것이 기계가 대신 처리해주는 편리해진 세상에 아들처럼 손수 빨래하는 지인들이 많지는 않았을 것이다. 어머니는 재활용으로 비누를 만들어서 즐겁고 행복해 하시고, 보잘 것 없는 비누지만 나눔으로 흐뭇해 하셨다. 그런 모습을 볼 수 있는 것만으로도 행복했었다.

언젠가 가족이 사이판으로 휴가를 다녀왔을 때 일이다. 세탁비누를 챙겨갈 이유가 없었다. 옷은 여벌로 가져가고, 여행이니만큼 빨래는 모았다가 돌아와서 세탁할 요량이었다. 하룻밤 지나자 가족의 빨랫감은 쌓였고, 두고 볼 수 없어 빨랫비누 찾아 마트로 돌아다녔다. 어렵게 구입한 세탁비누였는데, 집에서 만든 비누만도 못했고, 먼 여행지에서 손을 놓지 못하고 힘들게 빨래를 하느냐고 말렸지만, 즐겁고 좋아서 한 일이라 별수 없었다.

어머니가 만든 세탁비누는 모양이나 생김새는 투박하고 반듯하지 않은 볼품없는 비누다. 하지만 세탁비누로서 더 좋은 품질의 세척용 비누는 보지 못했다. 폐유 18리터 한 통이면 세탁비누 30개가량 만들었다. 지인들에게 나눠주고도 베란다 창고에 쌓여있다. 세탁을 자주해도 빨랫비누 재고는 떨어질 줄 몰랐다.

어느 날, 빨랫비누가 보이질 않는다. 그 많았던 자리에만 가면 항상 대기하고 있었던 비누가 바닥을 드러낸 것이다. 다 써 버린 것일까 하고 기억을 더듬는데, 아내가 통화했던 기억이 떠올랐다. 지인에게 주었던 비누가 그대로 있으니 되돌려 받았던 것이다. 어디인가 그 물량이 있을 것이다.

세탁비누를 받은 지인 중에는 나처럼 손수 빨래할 일이 많지 않았나 보다. 아니, 버튼만 누르면 세탁에 건조까지 쉽게 할 수 있는 일을 굳이 힘들여 시간 낭비하며 빨래할 사람이 있겠는가. 그렇다고 아이티 정보시대에 살면서 재래식의 방식을 고수하는 것은 아니다. 소량의 빨래는 손품만 조금 팔면 짬짬이 세탁으로 늘 정신적인 에너지까지 보충하고 산뜻한 마음으로 살아가게 된다.

내겐 힘들어도 좋아서 하는 일이기에 시간 낭비도 아니다. 빨래를 하는 순간만큼은 잡념 없이 몰입한다. 찌든 옷가지에서 구정물이 빠져나가는 과정을 보면서, 내 몸의 쌓인 찌꺼기나 얼룩진 마음의 상처들도 다 씻기어 내려가고 아물어가는 것 같은 희열을 느낀다. 세탁은 더러운 것만 씻어내는 것이 아니라 마음에 낀 상처까지 치료하는 것이다.

리모델링하면서 세탁비누를 찾았다. 지인에게 시집갔던 비누가 제 기능을 발휘하지 못하고 친정으로 돌아온 그 비누를 찾았다. 박스를 개봉하니 한 개도 사용한 흔적이 없다. 그늘진 구석에 처박혀 긴 시일 동안 주인의 부름 없이 외롭게 지냈을 비누를 생각하니 안쓰러웠다. 한 장이라도 사용해 보고 무심하게 내버려 두었다면 조금은 덜 서운했을 텐데 천대받은 것 같아 조금은 씁쓸했다.

어머니가 만든 비누였기에 그랬는지도 모른다. 만들어 보겠다고 몇 번씩 실패를 거듭하면서 포기하지 않고 해낸 것은 어머니의 집념이기도 했지만, 자식에 대한 사랑이기도 했다. 그 모습들이 생생하게 기억나기에 빨래를 하다보면 어머니의 얼굴이 겹치다가도 사라지곤 했다. 나에게 세탁하는 동안은 몸과 마음을 닦아내고 그리운 어머니의 손길을 떠올리며 정리하는 시간이기도 하다.

한동안 어머니가 쓰던 방은 서재로 사용했었다. 서재에 들어설 때마다 침대에 누워계셨던 어머니의 모습이 떠오르다가 안개처럼 사라져 버린다. 리모델링을 하고서 옷 방으로 바뀌었다. 어느 방으로 사용하든 어머니가 쓰던 방에 들어가면 어머니의 냄새와 슬픔이 떠오른다. 어머니가 만든 세탁비누는 언젠가 다 쓰고 나면 사라지겠지만 그 부지런했던 모습, 나눔과 내리 사랑은 영원히 잊지 못할 것이다.

베란다 창고에 있는 세탁비누를 들고 거실로 오면서 문득 어머니가 이 자리에서 기름통을 놓고 비누를 만들었던 모습이 그려지다가 사라진다. 오늘도 어머니가 만들어 논 세탁비누로 빨래를 하고 있다. 손에는 어머니가 만든 세탁비누가 들려 있건만, 이제는 그 어머니가 없다. 【2022.7.21】

2부 • 그 분 아니세요

밸런타인데이와 화이트데이

밸런타인데이는 여자가 사랑하는 남자에게 초콜릿을 주면서 사랑을 고백하는 날이다. 좀 더 정확히 말하자면 3세기경 로마제국에서 황제의 허락 없이는 결혼이 불가했었다고 한다. 그러나 당시 사랑의 사도쯤 되는 밸런타인이라는 신부가 서로 사랑하는 연인을 몰래 결혼시켜 준 죄로 순교를 하였고, 그 후 사람들이 그를 추모하는 뜻에서 매년 이날에 초콜릿을 주고받았다고 한다.

동료들 간에 밸런타인데이가 젊은 세대를 겨냥한 상술이라는 견해로 시끌벅적하다. 그러다가도 어느새 딸자식을 두었으니 행복하다느니, 부럽다느니 은근히 달콤한 사랑의 초콜릿을 기대하는 눈치다. 나는 뭔가. 그 잘난 딸자식 하나 두지 못했으니 사랑하는 아내에게 눈길을 돌린다. 딸만이 여자인가. 사랑하는 내 아내는 내게 초콜릿을 선물할 것이다. 은근히 기대하며 내색하지 않았다.

점심시간, 영양사 김 양이 초콜릿 하나를 건네준다. 생각지도 않았던 일이지만, 전 직원에게 회사 차원에서 배려한 것이었다. 느낌은 좋았다. 퇴근 무렵, 눈치 챌까 평소 좋아하는 꼬막무침이 눈에 삼삼하게 걸린다고 메시지를 날렸다. 아무 반응이 없다. 김 양이 준 초콜릿을 가슴에 품고 퇴근했다. 꼬막을 까먹으며 거실을 둘러본다. 흔적이 없다. 넌지시 운을 띄웠다.

오늘 같은 날 딸 하나 있었으면 얼마나 좋을까. 하니 웬 딸 하고는 눈치 빠른 아내는 무엇을 원하는지 다 안다는 표정으로 빤히 쳐다본다. 난 어때, 내가 딸 해줄게. 딸만 주나. 오늘은 딸로서 여자로서 선물을 준다고 방으로 들어간 아내는 신경을 써서 준비한 꾸러미를 들고 나왔다. 예쁘게 포장된 철망엔 초콜릿들이 각양각색으로 웃고 있었다.

초콜릿 줄 만한 사람이 나밖에 없었나. 혹시 가슴에 품은 여자 없어 라며 야릇한 시선을 보내며 내 심장에 절구질했다. 순간 글러브로 한 방 맞은 것처럼 섬뜩했다. 아무리 빈말이라고 하지만 비수가 되어 이렇게 정곡을 찌르는 것일까.

가슴에 품은 여자는 없다. 그래, 자기 말고 누가 있어. 나는 말이야 항상 자기를 가슴에 품고 다녀. 알지. 아내가 준 초콜릿을 먹다가 나도 모르게 안 호주머니에서 초콜릿을 꺼내들었다. 놀란 아내는 동그란 눈을 내게 고정시켰다. 누가 준 초콜릿이야, 똑같은 초콜릿이네, 가슴에 품은 여자가 없다고, 누가 사준 거야. 하며 따발총을 쏘아댔다.

정색하고 뻔뻔스럽게 능청을 부렸다. 가슴에 품은 여자는 없어도 회사에 여직원이 한두 명이냐, 김 양이 하나 주던데, 무슨 의미가 있겠냐. 신경 쓰지 말라며 안심시켰다. 아내는 여직원들한테 인기가 있으면 그 정도야 있을 수 있는 일이지 하면서도 한편으론 불편한 심기를 숨기지 못했다. 여자에 대한 과거가 있었다고 해도 이젠 그럴 리 없다. 진정 은밀한 사이라면 저렇게 쉽게 이실직고할 리 만무했다. 내 무슨 인기가 있어 초콜릿을 받았으랴.

“자기야, 당신이 준 초콜릿이 더 달콤하네.”

화이트데이는 남자가 사랑하는 여자에게 사탕을 주면서 고백하는 날이다. 화이트데이의 기원은 여러 가지가 있다. 그 중 1965년 일본에 마시멜로 제조업자가 만들었다는 설이 있는데 그때는 마시멜로 날로 불리다가 나중에 화이트데이로 불리었다고 한다. 그 뒤 초콜릿 제조업체도 초콜릿을 판촉 했다. 그리하여 일본에서는 남자가 마시멜로와 화이트 초콜릿과 함께 사랑하는 여자에게 선물을 주는 날이 되었다. 우리나라는 그것이 사탕으로 바뀌었다고 한다.

언제부턴가 화이트데이가 다가오면 여론은 시야비야(是也非也)한다. 내 경우도 예외는 아니다. 딱 감고 무시해 버리면 그만일 걸 지나칠 수가 없다. 평소 생일, 기념일 등 소소하지만, 그것마저 챙기지 못하면 무엇을 할 수 있으랴. 자연히 화이트데이에도 신경이 쓰였다.

퇴근 길, 고민 끝에 장미 한 송이를 가슴에 품고 들어갔다. 마음은 근사한 선물을 사주고 싶지만, 늘 주머니 사정이 변변치 못했다. 현관문을 열자 기대에 부푼 표정이다. 그러나 예전과 다름없는 내 모습에 아내는 이내 실망의 빛이 역력했다.

내게 뭐 줄 거 없냐며 직설적으로 묻는다. 자존심이 강한 아내가 사탕 하나에 던진 의미는 분명 아니었다. 시치미 뚝 떼고 거실 문갑 위에 놓인 사탕 봉지를 건드렸다. 이건 웬 사탕이냐며 무심한 척 던졌다. 아내는 포기한 듯 오늘이 무슨 날인지도 몰라 라며 화들짝 목청을 돋운다.

위험 수위다. 더 이상 능청을 떨다가는 그나마 마음까지 상하는 불상사가 생길 것 같다. 품고 있던 장미를 건넸다. 자기한텐 사탕보다 장미가 어울린다며 건넸고, 잠시 가라앉았던 분위기가 되살아났다. 거실에 있던 사탕은 큰아들이 사왔고, 작은아들 때문에 엊저녁부터 심사가 꼬였다.

평소 게을렀고, 대학생인 지금도 깨우지만 제 시간에 일어나긴 힘들고, 늦어지면 엄마 탓으로 돌리며, 아침마다 소란이니 왜 스트레스가 없을까. 엄마로서 마음고생을 감수한 것이다. 작은 아들이 엄마 선물로는 포장해 놓은 사탕을 사다 주었고, 친구에겐 손수 포장으로 정성까지 선물한다는 것이 엄마가 아닌 여자로서 질투(?)심이 고개를 들었나 보다.

아내가 그간 아들한테 신경 쓴 것을 생각하면 서운할 만도 하고, 아들은 아들대로 친구에게 더 신경 쓰는 것이 당연하지 않은가. 다 이해할 만하다. 다만 방법에 있어 부산을 떨지 말고 일을 처리했으면 좋았을 것이다. 소소한 일로 부부싸움을 하다가도 아주 작은 선물에 감동하며 풀어지는 게 여자가 아닌가.

"자기야, 자긴 나에게 여자이고 아내야. 아들에겐 엄마일 뿐이야. 내가 있잖아, 나만 믿어." 【2010.03.19.】

공원

부평공원에서 새벽에 조깅하고 스트레칭을 위해 벤치에 앉았다. 누워서 몸을 풀고 있는데 중년 남자의 목소리와 여자의 목소리가 겹치면서 일방적으로 남자의 육성이 커졌다. 힐끗 쳐다보니 칠순은 돼 보이는 부부였다. 대화 내용으로 보아 남자는 암 투병 중이고 여자는 몸이 불편한 듯 했다.

이른 아침, 공원에 온 노부부는 걷기를 마치고 벤치에 앉아 가족 이야기부터 내일의 삶까지 거침없이 나누고 있었다. 나와 노부부만 있고 조용한 새벽공기에 육성은 유난히 크게 들렸다. 남자는 장성한 아들과 사위는 제 가족을 위해 앞가림 잘하고 지내니 자식들 신경 그만 쓰고, 물 좋고 공기 좋은 시골로 가서 건강 챙기며 살자는 것이다. 여자는 자식들 곁에서 살겠다고 고집한다.

남자는 부아가 났는지 언제까지 자식 곁에 있겠냐며 부부밖에 없다고 역설한다. 여자는 낮은 목소리로 조곤조곤 할 말은 다하고 있었다. 설득하던 남자는 서운했는지 언성을 높였다. 당신 너무한 것 아냐. 내가 암 투병 중인데 빈말이라도 당신을 위해 정성껏 챙기겠다고 해야 하는 거 아냐. 하고는 남자는 자리를 박차고 일어났다.

남 일 같지가 않았다. 오십 후반인 내가 내일의 모습을 보고 있는 것 같아 가슴이 먹먹했다. 많지 않은 재산 나눠주고 나니 자식들은 여행 다니느라 노부부는 안중에도 없다는 것이다. 이미 현실이 되어버린 노부부의 삶이 종일 뇌리에서 사라지지를 않았다. 물 먹는 법을 일러주지 못해 몸과 마음에 상처로 얼룩진 노부부의 삶이 안쓰러웠다.

자식들을 위해 한평생 몸 바쳐 키우는 것은 부모로서 당연한 일이다. 둥지를 틀고 새 보금자리로 날아간 자식들에게 의지할 필요는 없다. 동물도 일정한 기간이 지나면 어미 곁을 떠나 독립생활을 한다. 세월이 흘러 부모 자식 간에 떨어져 지내는 것도 자연스럽게 받아들여야 한다. 키워준 부모의 은혜를 깨닫고 베푼다면 그것으로 만족할 일이다.

다 큰 자식에겐 서서히 헤어지는 연습을 해야 한다. 정도 표시나지 않게 주는 연습을 해야 한다. 후회하지 않고 서운하지 않기 위해서 말이다. 내 몸과 마음의 상처를 받지 않으려면 평소 꾸준하게 건강을 챙기고 마음도 잘 다스릴 수 있는 여유로운 생활을 유지해야 한다.

단지 앞에는 군부대 터에 조성된 부평공원이 자리하고 있다. 3만 4천여 평의 부지에는 운동시설과 간단한 음료를 들 수 있는 매점이 있고, 걷기 운동을 할 수 있는 1.5Km 구간의 산책로도 마련되어 있다. 구민들의 쉼터요, 생활의 재충전을 위한 힐링 장소이기도 하다.

이곳에서 조석으로 운동을 한다. 공원은 신체를 단련하고 정신을 수련하는 최적의 장소이다. 마음만 먹으면 한걸음에 달려가 운동을 할 수 있는 곳이다. 지척에 잘 조성된 공원을 이용할 수 있다는 것은 어느 좋은 음식을 먹는 것보다도 행복하고 즐거운 일이다. 건강한 체력과 마음의 수양을 닦을 수 있기 때문이다.

공원에서 운동을 하다보면 반려견을 데리고 와 산책하는 사람들이 더러 있다. 그 모습이 참 좋아 보여 다짐해 보지만 자주 산책하기란 쉽지 않은 일이다. 어쩌다 한 번씩 산책을 하면 제 세상을 만난 듯 좋아한다. 영역 표시하고 끙끙대며 냄새 맡아가며 부지런히 발품을 판다.

저렇게 좋아하는 것을 왜 함께 하지 못했을까. 반려견에 시간을 할애하지 못한 게으른 탓으로 미안할 따름이다. 9년 동안 챙겨주기만 했지 운동을 시키지 못해 비만해졌다. 나만 건강하겠다고 운동을 한 것 같아 염치가 없다. 공원이 아니라도 희망이를 데리고 자주 산책해야겠다.

공원에서 산책할 때 반려견 견주를 만나면 스스럼없이 개를 통해서 자연스럽게 대화가 오고 간다. 그러다 보면 주로 화제는 반려견 이야기다. 키우는 과정서부터 장단점과 칭찬까지 자랑일색이다. 그 중에서도 하고 싶은 이야기는 견주의 에티켓이 부족하다는 점이다. 베이비오일로 반려견의 머리를 세우던 꽃단장을 하던 자유다. 견주의 취향이니 탓할 일은 아니다. 하지만 집 밖을 나서면 공공장소에서 기본적인 질서보다도 반려견이 더 소중할 수는 없다. 아직도 목줄 없이, 변을 봐도 모르는 척 밑만 닦고 지나가는 사람이 있어 눈살이 찌푸려진다.

88년 월드컵을 계기로 반려견 가족들이 기하급수적으로 늘어났다고 한다. 미국이나 유럽처럼 개를 키우는 전통이 있었던 것이 아니기에 대부분이 기본적인 에티켓을 숙지할 여유가 없었단다. 키우면서 숙지해 가는 과도기여서 늘어날 수밖에 없었다고 한다. 반려견은 견주가 교육을 시켜야 하고 견주도 기본적인 에티켓은 지킬 수 있는 노력을 해야만 질서 분위기가 조성될 것이다.

잠시 벤치에 누워 하늘을 본다. 밴지 라는 가족영화가 스쳐가고,

최근 동물농장에서 방영한 핫한 프로그램이 떠올랐다. 화재로 사라진 집에서 3개월째 주인을 기다리던 애완견 똘이와 주인이 재회하는 가슴 뭉클한 감동적인 장면을 공개했다. 주인은 저버려도 반려견은 주인을 배신하지 않는다는 정수를 보여주었다. 폐지를 주우며 함께 다닐 때 얼마나 각별했으면 화재로 부상을 입고도 잿더미에서 주인을 기다리는 모습은 눈물 나도록 감동적이었다.

똘이가 주인을 기다렸다는 소식에 영상을 본 입원 중인 주인은 꿈에도 몰랐다며 눈물을 훔쳤다. 똘이는 단숨에 달려가 주인의 품에 안겼고, 눈물을 핥아주고 자신의 몸을 부비며 애교를 부리는 등 감동을 자아냈다. 말 못하는 짐승이라고는 하지만 주인에 대한 순종과 사랑을 온몸으로 보여준 드라마틱한 장면이었다. 예전처럼 주인과 함께 파지를 줍는다 하니 행복한 동행의 시간이 이어지길 바란다.

부평공원은 많은 사람들의 발자취가 고스란히 역사로 남겨지는 곳이다. 모르는 사람들끼리 이용하면서 무심히 지나칠 수도 있지만 자주 이용하다보면 많은 사람들과 소소한 이야기를 공유하며 살아간다. 우리 이웃들의 만남의 장소요, 스트레스 해소의 장소이기도 하다. 또한 내 집 앞마당과 같다. 힘들고 지칠 때나 즐거울 때 달려와 심신을 단련하고 피로도 풀 수 있는 곳이기 때문이다. 언제나 가슴을 열고 어머니처럼 모든 것을 포용하고 보듬어 주는 곳이다.

견주로 희망이의 건강을 소홀히 한 점, 반려견을 키우는 사람으로서의 부족한 에티켓, 화재로 사라진 집에서 주인을 기다리던 반려견과 주인이 재회하는 가슴 뭉클한 감동적인 장면 등은 우리 가족의 일이요, 나의 이야기일 수도 있다. 일상생활에서 말 못하는 반려견이 우리에게 늘 베풀고 있는 따뜻한 이야기요, 공감할 수 있는 일들로 훈훈하고 진한 감동을 선사해 주고 있다.

핵가족화 되면서 가족의 의식도 많이 바뀌었다. 평생 자식을 위해 바친 몸 병들고 허약해지면 내 탓인 세상이 되어 버렸다. 자식이나 사위가 손을 벌리지나 않으면 다행이다. 모든 가족의 자식과 사위가 다 그런 것은 아니지만 그만큼 늙어 병들고 가진 것 없으면 부모도 몰라보는 세상이 되어 버렸다. 암 투병 중인 노부부의 근심거리가 남 일 같지 않아 잊히질 않는다. 사람이 개만도 못하다는 말은 얼마나 수치스러운 일인가. 견주로서 그런 인생은 살지 않도록 관심을 기울이며 살아가야겠다.

사람이나 반려견은 공공장소에서 에티켓을 반드시 지켜야 한다. 함께 공유하고 웃으면서 살아가는 이유다. 만물의 영장인 사람이 저를 낳아준 부모를 무시하고 괄시한다면 무슨 일인들 잘할 수 있을까. 돈 없인 불편한 세상이라고 하지만 인성마저 병들면 부모에게 칼부림도 마다하지 않는 세상이다. 반려견의 충심은 아니더라도 부모에겐 돈보다는 인성이 먼저 발휘될 수 있는 자식과 사위가 그리운 세상이다. 【2017, 인천문단 47집】

가을 단상

(1) 황금들판

서리가 허옇게 내리고 들판에 곡식이 무르익어간다. 머지않아 황금들판이 모습을 뽐내게 될 가을이다. 고향의 집 앞 개울가 언덕에는 큰 느티나무 한 그루가 있었다. 그 나무는 마을의 상징적인 존재였다. 느티나무는 넓은 들판을 마주보고 있었다. 여름이면 넓은 멍석의 그늘까지 만들어 주어 한낮의 따가운 더위를 피해서 편히 쉬게 해 주었다.

하늘을 바라보면 지나가는 들바람은 어느 제품의 선풍기 바람보다도 시원했고, 매미소리는 매혹의 뮤직보다도 나의 마음을 사로잡았다. 요즘의 선풍기와 고전 음악을 상상이나 했을까마는 돌이켜 보면 자연이 준 선물의 정겨움은 어린 나의 가슴에 깊숙이 자리해 지금도 꿈틀대고 있다.

그곳에서 자연의 소리에 파묻혀 잠이 들곤 했다. 풀벌레 소리를 들으며 한나절을 자고 깨어나니 황금들판이 어슴푸레하게 보인다. 참새를 쫓는 아버지의 모습이 보였다. 점심을 들기 위해 돌아오는 길이었다. 나는 살찐 황금들판을 바라보는 것만으로도 배고픔을 잊을 수 있었다. 인기척에도 참새들은 무리를 지어 날아와 황금 알을 쪼기에 바빴다. 부아가 난 아버지는 따라주지 않는 몸을 가누며 훠이, 훠이 외치기도 했고, 때로는 빈 깡통을 요란하게 두들겨 보았지만 참새들의 귀는 어둡기만 했다. 아버지는 쇠약한 기력을 인정하면서도 황금 알을 앗아가는 참새 떼들을 망연하게 바라보았다.

"잡놈의 참새들!"

허수아비를 세우고 오색 끈을 출렁여도 참새들은 눈 하나 깜짝하지 않았다. 참새들은 곡예를 하듯 고무줄놀이를 했다. 저 황금 알들이 떨어지면 아버지의 언성은 높아만 갔다. 수차례 참새들과 실랑이가 끝나면 얼굴엔 근심이 가득 찼다. 한 해 지은 벼농사가 새떼로 피해를 볼 때면 늘어만 가는 주름살이 애처롭기까지 했다. 매년 가을이 돌아오면 고향의 정경들이 생생하게 떠오른다. 그러기에 고향의 추억들과 시골의 정취는 영원히 잊을 수가 없다.

(2) 양서는 좋은 친구

어느덧 가을이다. 조석으로 선선한 바람이 불어온다. 책읽기 좋은 계절이다. 서점 가에는 책이 팔리지 않아 고심들이라고 한다. 참으로 안타까운 일이다. 서점주인 매상 걱정에 서글픈 게 아니다. 급변하는 사회의 문화혜택이 가져다주는 편의주의로 책을 멀리한다고 생각하니 그런 것이다. 더구나 독서 열기가 빈약한 우리나라가 아닌가. 시간이 없어서, 피곤해서 등등 나름대로 이유가 다 있기는 하지만 역시 슬픈 일이다.

웬만한 가정에 가 보면 세계문학전집이나 한국문학전집이 위엄 있게 책장에 진열되어 있는 것을 볼 수가 있다. 약방에 감초처럼 책장에 진열되는 책 중에 하나가 아닌가 싶다. 얼마나 보기 좋은가. 흐뭇한 일이다. 그러나 더러는 사 놓을 때의 의욕과는 달리 앞부분만 읽는다거나 서너 권 읽다가 마는 경우가 대부분이다. 이것이 인간의 속성인지도 모른다. 친구를 사귀는 데도 비슷한 습성이 있는 것 같다. 헤어지고 나면 특별히 정신적으로 크게 남겨주는 메시지는 없어도 시간가는 줄 모르고 재미있게 떠들 수 있어 자주 만나게 되는 친구가 있고, 나보다 훌륭한 생각을 가지고 있는 듯 친구를 만나면 부담이 가는 것 같아 선뜻 만나기가 꺼려지는 경우도 있다.

중요한 것은 즐겁고 재미있는 친구도 좋지만 유익한 친구가 내 주위에 있다는 것이 얼마나 고귀한 일인가. 그러다 보면 책장에서 먼지만 덮고 있는 문학전집도 들쳐보게 될 것이고 마음의 양식이 될 수 있는 양서 쪽으로도 손이 미칠 수도 있지 않을까 싶다.

언젠가 차창으로 보이던 어느 중소기업의 간판에 쓰인 문구가 생각난다. "남만큼 해서는 남 이상 될 수 없다." 잘 음미해보면 독서할 시간이 없다고 한 내 자신이 부끄럽다. 시간은 주어지는 것이 아니고 내가 투자해서 만드는 것이기 때문이다. 의식주 중 필요치 않는 것이 없듯이 내 영혼의 정신을 무한정 굶겨서야 되겠는가.

"책을 하루라도 읽지 않으면 목에 가시가 돋친다."는 말을 상기해본다. 광적인 문구이긴 하지만 이 가을 정신의 치아를 상하게 하는, 지나치게 달콤하고 저속한 책을 읽기보다는 유익한 친구가 필요하듯이 양서를 한 권이라도 읽을 수 있는 가을을 보내련다.

(3) 대추나무

그 옛날 고향집 울안 뒤곁으론 많은 과실수들이 심어져 있었다. 사과, 포도, 앵두, 배, 대추나무 등등. 그 중에서도 떠오르는 것은 대추나무였다.

가을이 되면
고향의 집 뒤곁에는
대추나무 열매가 주렁주렁 매달려
능수버들 가지처럼 늘어졌다

이슬을 머금은 대추 잎은 반들거리고
햇살을 머금은 대추알은 싱싱한 윤기가 흘렀다
탐스런 열매를 씹으면
꿀맛이다
도심에서 보기 어려운 대추나무
퇴근길 우연히
과수원 담 너머 높이 오른
대추나무를 보고
고향의 향수에 젖어
한참을 서성거렸다

그 반들거리는 잎새
토실한 대추알
그 맛까지도

가을이 돌아오면 도심에서 고향의 추억들을 반추할 수 있는 것만으로도 행복하고 감사한 일이다. 노력한 만큼의 대가가 주어진다는 진리를 깨달음이다. 양서 한 권 읽어 좋은 친구를 사귈 수 있다는 것도 내겐 간접적인 경험으로 가치 있는 일이다. 황금들판과 대추나무는 가을이 내게 베풀어준 또 하나의 소중한 선물이 틀림없다.

【1998, 제물포수필 32집】

문화생활

젊은 시절, 연극 뮤지컬 콘서트는 특권층만 누릴 수 있는 고급놀이 문화생활이라고 생각해왔다. 나하고는 무관한 다른 사람들의 일로 간과한 것이 사실이다. 문외한이었으니 부유층 사람들만의 전유물인 줄 알고, 고상하고 품격 있는 사람들만 즐기는 것으로 알았기 때문이다.

그 시절엔 경제적 여건이 허락지 못해 그런 사람들이 부러울 수밖에 없었다. 일밖에 모르고 한길만 걸어왔으니 즐길 줄 아는 게 없다. 지천명이 훌쩍 지나서야 건강에 신경 쓰이고, 자식들 머리가 커지면서 문화생활에도 눈을 돌리게 됐다. 고급스러운 문화생활은 자신의 문화적 가치와 품격을 창출하려고 즐기는 것이지, 부유층만 즐기는 것은 아니었다.

사전적 의미를 보면 '문화가치의 실현에 노력하여, 문화 산물을 느끼고 음미하는 생활'이라고 한다. 연극, 뮤지컬, 콘서트, 전시회 등은 접하기 쉽지 않지만, 쇼핑, 게임, 요리, 산책, 비디오 감상, 영화, 인터넷검색 등은 일상생활에서 마음만 먹으면 쉽게 할 수 있는 일인데 흘려버린 세월이 야속하기만 하다.

그동안 즐기는 문화생활은 거의 없었다. 마음의 여유를 갖지 못했던 것이다. 집과 회사만 오가는 인생이었으니 곁에서 늘 마주하는 내자가 얼마나 답답하고 살아가는 재미가 없었을까. 무던하고 성실함 하나 보고 시집왔는데 내색도 못하고 가슴앓이 많이 했을 것을 생각하면 면목이 없다.

한동안 아내는 가벼운 우울증이 있었다. 시어머니에 전업주부로 살다보니 남모르게 쌓인 게 많았던 것이다. 조용하면 별일 없는 거겠지 하고 지내던 눈치 없는 내가 죄인이었다. 평소 살가운 스킨십과 따뜻한 말 한마디 왜 건네지 못했을까. 다행히 대화로 우울증을 이겨내고 여가생활하며 지내고 있다. 비용이 드는 것도 아닌데 좀 더 관심을 갖고 신경을 썼더라면 가슴 아픈 일은 없었을 텐데 많이 미안했다.

요즘 들어 문화생활의 필요성을 느낀다. 삶의 질을 충족하기 위해, 즐기는 문화 욕구가 생긴 것이다. 연극이나 뮤지컬 콘서트는 쉽게 볼 수 없지만, 영화는 어렵지 않다. 접근성도 좋고 할인 혜택도 있으니 시간만 조율하면 부담 없이 감상할 수 있다. 영화를 한 편 보고 나면 며칠간은 여운이 남아 부자가 된 듯 마음이 넓어진다. 박물관이나 전시회를 다녀와도 곳간에 양식이 채워진 것처럼 마음이 뿌듯하다. 깊은 지식은 아니어도, 흐름은 파악할 수 있고, 자신감도 생겨 자주 접해야겠다는 의욕이 솟는다.

영화는 주로 아내가 선정해서 함께 보곤 한다. 시사회 표로 보는 경우도 있지만 주인공과 예매순위로 선택해 보고 있다. 작품성은 보고나서 둘의 몫이다. 감동을 받았다면 좋을 테고 아니어도 좋다. 중요한 건 내 짝과 한마음이 되어 한자리에서 한곳을 바라보며 즐겼다는 점이다. 영화를 보고 나오면 몸과 마음도 풍성해진다.

사회생활에서 스트레스는 외면할 수 없는 징검다리이다. 만병의 근원이라고 하는 징검다리를 외면하면 화를 입는다. 많은 사람들이 술로 스트레스를 풀지만, 나는 운동으로 날려버린다. 정신적인 스트레스를 체력적인 운동으로 푼다는 것이 이치에 맞지는 않지만 달리는 동안 완주해야겠다는 집중력을 발휘하다보면 땀과 함께 육체적 정신적 스트레스가 사라진다고 믿는다. 그 순간만큼은, 잊어버리고 다시 시작하는 계기를 스스로 만들고 싶은 것이다.

육체적인 스트레스는 신체의 휴식을 통해 풀고, 정신적인 스트레스는 정신적인 휴식을 통해 풀어야 자연스러운 일이다. 정신적인 휴식의 기반이 되는 것이 문화생활이라 할 수 있다. 여가시간을 충분히 갖는다고 하더라도 문화생활과 같은 정신적 휴식의 기반이 되어주어야만 바람직한 휴식을 취하고 건강한 생활을 영위할 수 있는 것이다.

여행은 젊어서 해야지 늙으면 못 간다는 말을 실감한다. 직장생활 30년이 넘도록 여행이란 걸 모르고 지냈다. 회사에서 지원하는 휴양지도 마다했으니 우물 안 개구리였다. 몇 해 전 레저용 자가용 신차를 뽑으면서 여행은 시작되었다. 텐트와 취사도구를 준비해 연휴가 있는 날을 택해 반년간은 돌아다녔다.

설악산 케이블카를 타보자고 1박 할 때의 일이다. 토요일 저녁 늦게 도착해 차에서 자리를 깔고 잠을 청했다. 다음 날 새벽 일찍 일어나 표를 끊기 위해 잠자리 시트 정리할 것 없이 급히 매표소로 갔지만 줄줄이 꼬리 연이었다. 관리인에게 물으니 케이블카는 포기하고 올라가야 했다. 종일 즐겁게 구경하고 집으로 향하는 고속도로에서야 생각이 떠올랐다. 전날 잠을 청하기 위해 2열의 시트를 깔 때 비 맞지 말라고 뒷바퀴에 가로로 공구 박스를 내려놓았는데 챙기지 못한 것이다.

신차 대형공구 박스엔 공구와 랜턴 등 자동차에 필요한 모든 용품들이 가득 담겨 있었다. 아침에 침구를 개고 시트를 세웠더라면 기억이 났을 텐데, 빨리 예매하겠다는 일념에 둘 다 잃은 꼴이 되고 말았다. 사소한 일에도 순서와 원칙을 준수해야 한다는 교훈을 준 계기였다.

반면, 신차로 여행하고 당첨되는 운도 있었다. 한창 장거리 여행을 다니고 있던 중인데 제품 개발 리서치행사 원고 응모를 한 적이 있다. 장거리 운전의 연비와 유용했던 점, 불편했던 점, 자랑하고 싶은 점, 숨기고 싶은 점, 자가용 에세이 등을 적는 것이었다. 마치 원고 응모를 위한 여행을 한 듯, 즐겁게 여행도 하고 기쁨도 안겨주었던 행복한 순간이었다.

연극은 한때 볼 기회가 많았었다. I시에서 전국 연극축제가 열려 아시아 및 유럽 등지의 작품들도 초청 공연함으로써 문화 예술적 욕구를 충족하고 위상을 고취하기 위함이었다. 아내와 함께 주말과 휴일을 이용해 문화의 향기에 흠뻑 빠져들었다. 근 한 달간에 걸쳐 10여 편 정도는 관람했다. 영화 감상하듯 보다가도 관객과 대화도 나누는 즐거운 추억들로 남아 있다.

뮤지컬은 매년 한 번 정도 볼까 싶은데 아직 끌리지는 않는다. 표를 구하기가 어렵고 접근성도 취약해 생각처럼 만만치가 않다. 매스컴을 통해서 뮤지컬이 대중적으로 홍보도 되고 뮤지컬 배우들이 자주 출연해 익숙하지만, 아직 부담이 가는 문화생활인 것 같다. 자연스럽게 뮤지컬을 접할 수 있는 날이 왔으면 좋겠다.

요즘 자주 접할 수 있는 것은 미술전시회이다. 서예를 배우면서 공모전에 출품하고 전시회를 가서 많은 작품들을 만나면 즐겁다. 문인화, 서예, 서양화, 동양화, 공예, 서각 등 볼거리가 풍성하다. 작품에 대한 전문지식이 없어도 상관없다. 준비된 자료를 보면서 이해를 하고 안목도 넓힐 수 있어 만족스럽다. 정적인 취미활동으로 전시회를 다녀오면 한동안 작품들이 떠오르고 나도 할 수 있을 거란 기대와 욕망이 꿈틀거린다.

한 보고서에 의하면 영화감상이나 콘서트, 갤러리, 박물관 전시회를 즐기면 건강이 좋아진다고 한다. 문화생활을 즐기면 건강과 참살이를 증진시키고 스트레스를 줄이며 우울증 역시 낮출 수 있다고 한다. 특히 남성의 경우에는 직접 문화생활을 할 경우보다 감상을 하는 형태의 문화생활을 즐길 시 효과가 더 클 수 있다고 한다.

어떤 문화를 즐기든 내가 하는 일이 행복하면 그것이 문화생활이다. 일이 안 풀릴 때나 탈출구가 필요할 때면, 새로운 문화생활을 접해본다. 해답이 거기서 나올 때가 있기 때문이다. 좋아하는 것을 선택해서 한다면 더 애착이 느껴지고 더 즐거운 것이다. 감상하는 문화생활과 직접 해보는 문화생활을 병행한다면 일석이조의 더 좋은 효과가 기대되지 않을까 싶다.

몇 년 전만해도 즐거움을 위한 문화생활이 전부였다. 나이가 들면서 새로운 지식 습득이나 자아실현을 위한 문화생활을 하는 중이다. 좀 더 시간이 흐르면 건강에 관한 문화생활에 관심을 가지겠지만, 지금은 나를 찾는 문화생활이 재밌고 새로 맞이하는 젊은이로 살아간다. 【2016.9.3.】

처형

죽어서 그 흔한 이름을 남기기보다는 누군가의 기억 속에 영원히 각인될 수 있는 존재라면, 그래도 이름값은 한 셈이 아닐까. 한평생 어떤 사람으로 살아갈 것인가를 진지하게 고민하고 고뇌해야할 시점에서 내 기억 속에 영원히 잊을 수 없는 사람이 있다.

사돈아가씨 집에 갔다가 이웃 아주머니를 뵙고 평생 반려자인 아내를 맞이하게 됐다. 처음 본 아주머니의 인상은 연예인 김영애를 떠올리게 했고, 깔끔하고 시원스런 느낌이었다. 반면, 바가지 생머리형의 촌스러운 난 자리에서 좌불안석(坐不安席)이었다. 어느 구석이 그렇게 호감이 간다고 칭찬을 하는지 복이려니 싶었다. 제2의 인생을 살아갈 수 있도록 계기를 만들어 주었고, 마지막 삶이 다하는 날까지 가슴 저리도록 기쁨과 슬픔을 간직하게 한 분이었다.

사돈아가씨의 소개로 이웃집에 살았던 아주머니와 셋이서 과일을 들며 이런저런 이야기를 나누었다. 밝은 성격에 빼어난 외모였다. 아주머니의 여동생이라면 더 이상 볼 것이 없다고 판단했다. 한편으론 나 같은 녀석을 누가 쳐다보기나 할까. 그저 보는 자리에서야 예의상 속을 드러내겠는가 싶었다.

아주머니의 웃음과 낭랑한 목소리, 주고받은 대화들이 가식이 아니었음을 이내 확인할 수 있었다. 아주머니는 나의 외모보다는 든든한 직장과 성실함에 후한 점수를 던져주었다. 아주머니가 마음에 들면 동생도 마음에 들 것이라며 약속을 잡자고 했다. 당황했지만 일정을 잡고 날아갈 듯 황홀했다. 그 아주머니가 처형이었다.

섬머 타임이 시작되던 87년 여름, 아내와 처음 만나게 되었고, 사랑을 싹틔우기 시작했다. 결혼식을 올리기 전 처형 집을 자주 찾았고, 언젠가 처형 집이 이사하는 날 저녁식사를 마치자 하룻밤 묵고 가라 한다. 방도 없는데 어디서 자고 간단 말인가. 어린 조카들이 한 방에서 잠자고 있었고, 처형은 조카들을 안아서 마루에 눕히고 아이들 방에서 자고 가란다.

눈치 없고 염치없었던 나는 아내와 한 밤을 지냈다. 그 후 결혼일자를 잡고 식을 올렸다. 처형이 깔아준 멍석에서 큰아들이 태어났다. 그때만 해도 칠삭둥이로 태어나는 것은 흔한 일이 아니었다. 처형의 결단이 쉽지는 않았을 텐데 아마도 내게 베풀어준 것은 믿음에 대한 보답이 아니었나 싶다. 아니, 처형의 원뜻이 그것이 아니었어도 내겐 고마운 일이다.

한동안 처형은 마음고생을 했다. 결혼 전, 아내가 헛구역질을 하자 장모님은 다그쳐 물었고, 처형 내외가 불려가 혼쭐이 났다. 살아가면서 자기에게 도움을 주는 좋은 사람을 만나거나 사귀게 되는 복이 인복(人福)이라더니, 내가 그 이름 덕을 처형한테 받은 것 같다.

처형 집에 가면 유난히 내 집처럼 편안했다. 맛난 음식이 있는 것도 아니고, 좋은 환경 때문도 아니다. 살갑게 나누는 대화가 좋고, 격식도 부담도 필요 없이 누나처럼 느껴졌기 때문이다. 쉬는 날이면 아내가 귀찮아해도 방문을 고수했다. 특별히 볼 일이 있는 것도 아니다. 처형이 좋아서, 찾고 또 찾았다.

집으로 돌아오면 마음이 홀가분해진다. 조카들이 성장해 사회생활을 시작할 때도 스스럼없이 찾곤 했다. 처형 입장에서 귀찮을 법도 한데 그런 내색은 한 번도 찾을 수 없었다. 눈치 없었던 내가 그 마음을 읽지 못했던 건 아닌지 모르겠다.

그러던 어느 날 처형이 암이라는 병으로 자리에 누웠다. 청천벽력과 같은 선고였다. 투병생활이 시작되었고, 조카딸은 엄마를 위해서 정성과 사랑을 다해 극진한 간호를 했고, 좋다는 약은 다 수소문해서 처방했다. 병환은 더 깊어만 갔다. 자식만 바라보고 살아온 처형에겐 하늘이 무너지는 아픔이었다. 처형은 의연하게 받아들였고, 치료를 받는 데 게을리하지 않았다. 퇴원해서 집에 있는 동안도 환자인지 모를 정도로 내색 없이 지냈다. 자기관리가 철저했고, 주위 사람들에게 부담 주는 일은 하지 않았다. 환자로서 얼마나 힘든 일이라는 것을 경험하지 않아도 잘 알 수 있는 일이다. 연약해 보이는 여자의 체구에서 무엇이 견뎌낼 수 있는 힘을 주었을까.

항암치료를 몇 차례 받으면서도 힘들다는 말보다는 곁에 있는 사람을 걱정했다. 외모에 변화가 생기고 심리적으로도 고통과 고민이 컸을 텐데, 항상 웃는 얼굴로 대하는 모습에서 나였다면 가능했을까. 장담할 수 없었다.

조카의 정성도 무색했다. 치료기간을 잘 이겨내고 몇 년이 지나자 재발했다는 소식에 암담했고 마음이 무거웠다. 처형을 위해 할 수 있는 일이 없었다. 다시 병원생활을 하면서 조카는 엄마의 병 치료를 위해 좋다는 약재와 임상실험까지 시도했다. 지극한 효심에도 병환은 악화되어 갔다.

병원에서 처형을 뵐 때면 처음 만났던 사돈아가씨 집에서의 모습이 자꾸 떠올랐다. 새로운 삶을 시작할 수 있도록 길을 열어주고 모델이 되어준 분이었기 때문이다. 마음까지도 고왔던 처형이 투병으로 병실에 있다니 믿겨지지 않았다. 누님 같았던 처형만 생각하면 가슴이 미어졌다.

"제부를 믿어요. 동생이 막내라서 많이 걱정했는데…."라며 입가에 엷은 미소를 지었다. 처형도 이십여 년 전 처음 뵐 때의 모습을 상기하고 있었다. 막내가 홀시어머니를 모시고 살아야 한다니 언니로서 심적 부담이 많았던 것이다.

"그때, 내가 제부를 잘 본 것 같아, 고마워요. 잘 지내줘서, 앞으로도 제부를 믿어요. 우리 동생을 …."라며 말을 잇지 못하고 눈시울을 붉혔다.

"다 처형 덕분이었어요. 왜 갑자기 그런 말씀을 해요."

"더 늦기 전에 말하고 싶었어요."

처형 앞에서 서 있을 수가 없었다. 설움이 북받쳐 병실 밖으로 나가 한동안 창밖 시가지만 바라보며 눈물을 훔쳤다. 말을 잇지 못하고 눈시울을 붉혔을 때 많은 이야기들을 하고 싶었을 텐데, 그 말하지 않아도 왜 모를까. 누님 같았던 처형의 속 깊은 생각을 떠올리니 한동안 병실에 들어가지 못했다.

왜 그 말을 했을까. 불길한 예감이 떠올라 잊어버리자고 애써 다른 생각을 했지만, 잊혀 지지 않았다. 병문안을 간 아내한테도 말을 하지 못한 것은 가슴 아파 할 것이 분명했기 때문이다. 혼자 안고 가기로 했다. 그 후 처형은 병문안도 갈 수 없는 아주 먼 곳으로 혼자 이사를 갔다. 지금 생각하면 절묘한 시기에 하고 싶은 말을 내게 던져주고 갔다. 생을 마감하는 시점까지 처형의 이미지답게 깔끔하게 마무리하고 간 것 같아 가슴이 시렸다.

부득이지문(不得已之文)이라고, 혼자만 알고 감춰둘 수 없을 만큼 간절해서, 가슴에 묻어두었던 이야기를 꺼내어 글로 풀어놓는다. 그것만이 처형의 마지막 유지(遺志)를 받들 수 있는 길이고, 내 마음도 홀가분해 질 수 있을 것 같다. 어느 날, 집 앞 공원 분수대에서 아내에게 그 글을 읽어주자 훌쩍였고, 이내 눈물바다로 침묵과 침통한 분위기가 이어졌다.

불러도 대답 없는 처형이지만, 내겐 늘 불러보고 싶은, 또 부르고 싶은 처형이다. 부족한 내게 부부라는 새로운 삶의 기회를 믿음 하나로 채워준 분이다. 믿음에 실망하지 않도록 열심히 살리라. 인생은 짧다 란 말이 실감난다. 처형을 처음 만난 날이 지금도 생생하게 살아 있는데, 곁에 없다니 허무하다. 백년을 산다는 나무보다도 못한 우리네 인생의 나이, 잠시 왔다 바람에 쓸려가듯 사라지는 삶이 덧없이 그리워진다. 오늘도 창밖을 바라보면 처형의 밝은 모습이 떠오른다. 【2012.02】

신발

출근길, 현관에서 큰 녀석의 신발을 보는 순간 눈시울이 붉어졌다. 바닥에 가지런히 정리된 신발 중 마지막에 들어온 신발이 겹쳐진 채 놓여져 있었고, 마치 천리를 숨 가쁘게 달려온 파발마의 해진 말굽처럼 느껴졌기 때문이다. 캐주얼로 매번 그 신발을 신고와 안쓰러운데 오래 신어 밑창이 닳았고 입구가 벌어져 색까지 하얗게 바랬다. 아내에게 울컥 치밀어 오르는 눈물을 눈치 챌까 현관문 밖으로 나갔다.

직장 생활하는 큰 녀석은 시간 날 때 주중 저녁 늦어서야 집에 오곤 했다. 쉬는 날이면 자취방에서 종일 잠을 청하는 녀석인데 버거운 일일 수도 있었다. 집에 와서도 잠을 청하긴 마찬가지였다. 늦게까지 근무하는 탓도 있지만 어려서부터 잠이 많아 늘 게으르단 소리를 들었다.

승강기를 타고 내려가면서도 해진 신발이 눈에 밟혀 마음이 편치를 않았다. 늘어난 신발에서 녀석의 인성과 성실함이 묻어났기 때문이다. 반듯한 직장 다니고 크게 마음 쓸 일 없으면 자신에게 과감한 투자로 멋도 좀 부리고 젊은이답게 활기찬 생활을 했으면 좋을 텐데 쉽지 않은 모양이다. 내 탓인 것 같아 한동안 가슴이 먹먹했다.

녀석은 나를 빼닮은 붕어빵이다. 생김새뿐 아니라 보고 있으면 내가 자취 생활하던 옛날과 흡사했다. 지금처럼 부모가 챙겨줄 수 있는 환경이 아니어서 모든 일은 스스로 해결해야 했다. 박봉 생활에 의식주를 해결하기가 쉽지 않았다. 골방 세를 얻고, 일회용 아니면 회사에서 밥을 챙기고, 옷가지는 작업복이나 체육복이 전부였다. 흔히 말하는 단벌신사였다. 그 시절엔 많은 사람들이 그렇게 허리띠를 조이면서 살아야 이겨낼 수 있었었다.

나 하나만으로 족하니 자식만큼은 그렇게 살지 않았으면 하는 바람이었다. 유전자는 속일 수 없는가 보다. 누가 시킨 것도 아닌데 붙박이처럼 같은 길을 걷고 있는 것 같아 마음이 짠했다. 타고난 천성을 어쩔 것인가. 자신을 가꾸는 데 필요한 구매 욕심이나 안목이 없으니 자신도 답답했을 것이다.

돌아올 답변을 짐작하면서도 저녁에 넌지시 물었다. 요즘은 품질이 좋아서 질리도록 신어도 신발이 쓸 만하다고 한다. 좀 변형되고 해졌지만 그 신발이 편해서 신는단다. 신발장에 가득 찬 신발이 갑자기 사치스럽게 보였다. 쓸데없는 허영심과 새것을 고집하며 사들인 것은 아닌지 돌아보게 되었다.

신발은 걸어 다닐 때 발을 보호하고 장식할 목적으로 신고 다니는 물건이라고 사전적 의미를 부여하고 있다. 어느 곳에서나 발을 보호하는 기능뿐 아니라 신분을 나타내는 상징이기도 한 것이다. 신발은 살아 있는 사람들의 것이고, 공존할 때 생명력을 발휘한다. 주인의 신분이 바뀌면 행복할 수도 불행할 수도 있고, 신발에 의해 주인의 맵시가 돋보이고 품위나 교양까지도 유지할 수 있는 것이다.

초등학교 시절, 고무신이 있었다. 어머니가 오일장에 가면 은근히 기대하는 것이 많았었다. 그중에서도 자유롭고 편하게 신을 수 있는 신발이 고무신이었다. 장이 있을 때마다 사달라고 조르지는 못했지만 신작로에 올라가 어머니가 타고 올 버스를 목 놓아 기다리곤 했었는데 유일한 낙이었다.

새 고무신을 신기 위해서는 인내심이 필요했다. 운동화는 살 수 없었고, 고무신으로 만족했다. 그 시절엔 물장구를 치며 비가와도 신을 수 있는 신발이었다. 냇가에선 물고기를 담을 수 있는 용기였고, 고무신을 접어서 배를 띄우고 놀 수 있는 장난감이 되기도 했다. 힘들고 어려운 시절이었지만 즐겁고 그리운 추억이 담겨있는 신발이었다.

마을엔 노인들이 고무신을 많이 신고 다녔다. 한 할머니가 이웃집에서 재미로 화투를 치고 헌 고무신을 신고 돌아왔다. 부아가 난 할아버지는 새 고무신을 버리고 헌 고무신을 신고 들어왔다고 호된 꾸지람을 쳤다. 할머닌 마실갔던 집을 찾아가 수소문해서 새 고무신을 찾아왔다. 할머니는 할아버지가 워낙 완고했고, 대쪽 같은 성질이라서 원망이나 한마디 대꾸도 못했다. 사실 손바닥만 한 마을에서 일어난 일들은 한 가족이나 다름없기에 나무랄 일은 아니었다. 그만큼 어려운 시절에 고무신이 귀했기 때문에 벌어진 일이었다.

언젠가 큰 녀석 집에 갔는데 신발장을 열어보니 썰렁했다. 필요한 신발 몇 켤레가 전부였고, 혼자 사용하다보니 관련서적들을 챙겨 넣은 책장 겸용이었다. 슬프고 허전했다. 시장도 볼 겸 데리고 가서 매장엘 들렀다. 구매하는데 익숙지 못한 나를 닮아 얼마나 불편했을까. 젊은 시절 나를 보고 있는 것 같아 답답하기도 하고 안쓰러웠다.

요즘 젊은이인가 싶을 정도로 비교를 하게 된다. 작은 녀석은 옷가지부터 신발까지 사들이는 게 취미였고, 겉치레에 과하게 투자하고 있어 걱정이 들 정도였다. 형제간이지만 다른 게 너무 많았다.

신발 취향만 봐도 색깔이 분명했다. 요즘 젊은이들의 트렌드에 맞는 신발 위주로 섹시하고 착화감이 좋은 것을 선호했다. 하지만 큰 녀석은 튀지 않고 편한 신발이면 그만이었다.

현관 신발장엔 신발이 만원이다. 작지 않은 신발장에 다섯 명이 신고 다니는 신발이 넘쳐났다. 현관 바닥엔 항상 넘쳐난 신발이 정리되어 있었다. 좁은 바닥에 정리마저 안하면 많은 신발을 챙기기가 힘들다. 공간이 좁을수록 정리정돈이 필요했고, 흐트러진 마음과 산만해질 수 있는 정신을 바로 잡기 위함이었다.

작은 녀석은 늦게 귀가하는 날이 많았다. 서비스업에 종사하다보니 늦게 출근하고 저녁에도 늦어서야 퇴근을 했다. 일찍 잠을 청한 난 새벽에 일어나면 현관의 신발부터 확인하곤 했다. 녀석의 흐트러진 신발에서 피곤함이 묻어났다. 정장에 종일 서서 립 서비스로 근무해야 하는 어려움, 보금자리로 돌아왔을 때 온 몸을 지탱했던 정신력과 기운이 일시에 풀리면서 그 흔적들이 고스란히 신발에 담겨 있었던 것이다. 제멋대로 놓여진 신발이 하루의 피곤했던 여정을 잘 들려주는 듯 했다.

가끔 출장 업무로 외박을 하면 신발이 놓였던 빈자리가 유난히 크게 보였다. 든 자리는 몰라도 난 자리는 안다고, 하루 저녁이지만 함께 있던 녀석이 없으니 집안이 대궐같이 커 보였고 마음도 허전했다. 녀석의 흐트러진 신발을 정리하면서 발 땀내와 가죽 냄새까지도 체취로 느껴졌다. 여덟 시간이 모자라 출장까지 하면서 치열하게 발로 뛰어다니며 살아가야 하는 현실에서, 있을 때는 몰랐던 가엾은 생각이 몰려들었다.

60년대만 해도 강촌의 생활은 자연과 닮아 있었다. 어린 시절을 자연 속에서 보낸 나는 순수했고 가난했기에 근검절약하는 정신이 몸에 배었다. 성장해 도시에서 삶을 살아가고 있지만 고향에서의 추억들은 잊을 수가 없다. 어린 시절 한때의 기억만으로 반추하기엔 너무나 소중하고 값진 자양분이 되었다.

형편이 어려워 소유하고 싶은 것들은 대부분 슬픔으로 돌아왔다. 울며불며 투정부려 보지만 끝내 단념하며 스스로 삭여야 했던 어린 시절의 일면들, 일찌감치 모든 것은 쉽게 소유할 수 없음을 깨달은 시기였다. 그 시기 어머니의 고무신 선물은 큰 감동이었다. 긴 기다림 끝에 주어지는 고무신, 콩알만 한 가슴에도 가슴 벅찼던 신발이었고, 소유했다는 큰 기쁨의 행복이었다.

요즘같이 물질 만능 시대엔 쉽게 구입하고 즐길 수 있는 것들이 널려 있다. 풍족한 삶일수록 어려운 환경 속에서 살아가는 사람들을 잊기 쉽다고 한다. 녀석들이 사회생활 좀 서투르면 어떻고, 구매 욕심에 마구 사들이면 어떠랴. 그것도 한때인 것을 말이다. 살아가면서 시행과 착오를 거쳐 뉘우치고 깨달으리라. 그때 주위도 돌아보며 한 번 더 신중하게 생각하고 판단하는 안목도 키웠으면 하는 바람이다.

오늘도 현관엔 신발이 정리되어 있다. 모두가 적토마로 현관문을 나서면 생활의 전선이 시작된다. 소리 없는 전쟁터에서 신발은 병기와도 같다. 신발의 용도를 잘 알고 내 몸의 분신처럼 항상 관리하고 다룰 때 품위까지 유지할 수 있는 것이다. 한 켤레의 고무신까지도 내게 기다림과 즐거움, 그리고 깨달음을 전해준 신발이다. 【2016.08】

프린스

견인자동차가 오더니 독수리 발톱 같은 집게로 자가용을 끌어올려 눌러 버린다. 순식간에 쪼그라졌고, 뒤에서 바라보던 나는 한동안 가슴이 짓눌리는 것처럼 답답했다. 연식이 오래됐지만 외관은 멀쩡했다. 십구 년간 내 손과 발로 기동력을 발휘해 준 애마였다. 견인자동차가 모퉁이를 돌아 시야에서 사라졌지만, 애마의 소리 없는 비명에 시선을 뗄 수 없었다.

인간이 얼마나 못나서 제 본분을 망각하면 개만도 못하다고 할까. 내가 죽인 애마는 사라졌지만 가슴 한편에 걸리는 게 있다. 잔병치레와 과다한 유지비만을 생각해서 선택한 것이 아니었다. 두 아이의 머리가 커지면서 다섯 명의 가족이 타고 다니기엔 공간이 좁았다. 그 이유만 아니었다면 몇 해는 더 이용했을 텐데 안타까운 일이다. 주인을 잘 만났으면 더 닦고 조이고 기름 쳐서 오래도록 보듬으며 지냈을 텐데 그렇지 못한 것 같아 마음이 아프다. 오래된 중고품이었지만 끔찍이도 챙겼다. 내가 배고프거나 힘들 때면 애마도 기름을 채우고 휴식을 취하며 지내왔다. 기동력을 발휘해 주는 없어서는 안 되는 내 신체의 일부라고 생각했기 때문이다.

돌이켜보면 정도 많이 들고 차 사고도 많이 일어날 뻔 했었다. 눈이 많이 내리던 날, 문인협회 행사가 끝나고 뒤풀이 장소로 이동하기 위해 회원들은 애마를 이용했다. 내리막길을 내려갈 즈음 브레이크를 밟았고, 회원들은 비명소리를 지르며 서로를 끌어안았다. 후륜구동이었던 프린스는 눈길엔 무방비 상태였다. 평지도 아니고 내리막길이었으니 원하는 길로 핸들조작은 불가능했고, 원치 않는 전봇대를 향해 미끄러지고 있었다.

유구무언이다. 토해낼 문장들이 주마등처럼 스쳐갔기 때문이다. 어떠한 말을 들어도 괜찮다. 사고만 일어나지 않았으면 하고 제발 멈춰주길 바랐다. 브레이크를 밟은 오른발은 긴장한 채로 힘이 들어가 있었다. 그 순간만큼은 빤히 바라보면서도 속수무책이었다. 별수 없이 이것이 사고구나 싶었다.

애마는 전봇대를 향해 내려가고 있었다. 내릴 수도 없었고, 가슴만 졸이면서 핸들만 움켜쥘 뿐이었다. 전봇대가 다가오면서 모두가 비명을 지르며 혼비백산이었다. 정신을 차리고 바라보았을 때, 거짓말처럼 멈췄고 놀란 가슴을 쓸어내렸다. 일행을 안심시키고 조심스럽게 내려 더 이상 움직이지 못하도록 바퀴에 지지대를 고였다.

내리막 길 삼거리에서 운행불능으로 슈퍼마켓 전봇대 앞에서 정지하길 다행이었다. 좌측 내리막길로 접어들었다면 끔찍한 사고로 이어졌을 것이다. 판자와 나무 목재를 깔고 운전을 시도했지만, 더 이상 이동은 무리였다. 애마는 슈퍼마켓 길가에 세워두고 움직였다. 폭설로 며칠간을 그렇게 밖에서 지낸 애마가 얼마나 원망했을까. 추위에 떨며 집에 못 들어간 것도 슬픈 일인데, 말로만 사랑타령 늘어놓을 거냐며 통곡하는 것만 같아 마음이 개운치 못했다.

언젠가, 눈 오는 날 퇴근길 마중 나갔을 때 일이다. 예전처럼 근거리였고, 눈도 별로 내리지 않았기에 목적지로 향했다. 잠시 기다리는 동안 거짓말처럼 폭설이 내렸고, 앞 유리에 쌓인 눈을 치우기에 바빴다. 도로엔 갑자기 차들이 밀리면서 서행하기 시작했다. 오늘도 애마의 시련이 시작되는 것인가 내심 걱정이 앞섰다.

가는 날이 장날이라고, 아내 동료가 동승한다. 내색 없이 큰소리치며 출발했다. 프린스만의 특허 춤이 발휘되는 순간이다. 핸들과 바퀴가 자유롭게 춤을 추며 미끄러진다. 내 마음과 의지와는 상관없이 살얼음판을 미끄러져 가며 힘겹게 고가 밑까지 왔다. 모처럼 눈을 피해 동승한 내자 동료는 상기된 표정으로 불편한 기색이 역력했다.

온갖 정서(情緖)를 동원해 긴장을 풀게 하고 분위기를 바꾸어 샛길로 차를 몰았다. 얼마 못 가 사면초가였다. 곳곳에 트럭들이 제 몸 하나 가누지 못했고, 애마 역시 같은 처지가 되고 말았다. 결국은 차를 두고 셋이서 눈이 내리는 밤거리를 걸었다. 집으로 가는 동안 차 안에서 흘렀던 긴장감과는 달리 밤거리가 평화로웠다. 찬바람 맞으며 가는 길도 춥지 않았고, 밤하늘을 바라보며 집으로 향하는 것도 낭만적이었다. 어느 곳에서 어떻게 바라보느냐에 따라서 이렇게 느낌이 다를 수 있으니 동승자와의 초면에 쑥스러움보다는 화통하고 재미있었던 즐거운 순간이었다.

겨울날, 시동이 켜지지 않아 서비스 카를 호출하고 두 손을 비비며 경비실로 들어왔다. 자연스럽게 시선은 주차장 쪽으로 던져졌고, 어둠속이었지만 흰색 애마는 바닷가 난간 쪽으로 밀려가 있었다. 기겁한 나는 황급히 달려가 살펴보니 콘크리트 블록 지지대에 막혀 바닷가로 추락은 면했다.

대수롭지 않게 생각했던 지지대의 효력을 깨닫는 순간이었다. 평상시 대수롭지 않게 생각하고 지나쳤던 사물이 큰 사고를 예방해 주다니 고맙고 감격스러웠다. 주차장이 평지가 아니라는 것도 알게 되었고, 사이드 브레이크를 채우지 못해 사고로 이어질 뻔했던 끔찍한 일이었다. 주인만 믿고 기동력을 발휘했던 든든한 애마를 살갑게 어루만지며 미안하고 더없이 소중하게 느껴졌다.

사람이나 자동차나 살갑게 지내면서 정들고 사랑이 커지면 그리워지게 마련이다. 애마와 함께 할 시간들은 사라졌지만 동반자가 되어 주었던 애마는 내 마음속의 기쁨과 슬픔으로 영원히 살아 숨 쉴 것이다. 가늘고 길게 산 애마였지만 쓸 만한 부품들은 어느 곳에서 어느 차엔가 장착되어 귀중한 새 동력으로 태어났을 것이다. 어쩌면 장기 하나 기증하지 못하고 삶을 마감하는 인간의 삶보다도 값지고 고귀한 삶이 아닌가 싶다.

지금도 블로그에 들어가면 애마의 생생한 모습을 감상할 수 있다. 아이들이 주차 연습을 할 때 찍은 동영상과 평소 찍은 스냅 사진들을 바라보면 많은 추억들이 떠오른다. 하얀 피부에 늘씬하게 빠진 빼어난 외모에 곳곳에서 피어나는 냄새나 손때 묻은 흔적까지도 내가 사랑했던 안전하고 든든한 자가용 프린스 애마였다.

눈 오는 날엔 유난히 애마가 떠오른다. 처음으로 자가용을 폐차시켰다는 자책감도 들지만, 사고위험이 많았던 탓도 있고, 그동안 너무 혹사시키지 않았나 싶은 생각에서다. 싫든 좋든 내 뜻대로 잘 따라주었던 애마에 잘 대해주지 못해 안타깝다. 편의만을 생각한 채 전국을 누비며 다녔으니 얼마나 많은 날을 가슴 졸이며 지냈을까. 이젠 그 불안한 마음 다 내려놓고 편히 잠들길, 측은지심이다.

【2013.02】

노신사(황혼(黃昏))

(1)

얼마 전, 월미도로 가는 버스에서의 일이다. 썰렁한 버스엔 손님들이 손가락을 꼽을 만큼 적었다. 자리를 잡고 앉자 자연스럽게 앞쪽 건너편 좌석에 앉은 손님에게 시선이 간다. 인생의 황금시기를 맞은 두 노인은 손을 꼭 잡고 창밖을 주시하고 있었다. 곱게 늙어 건강해 보이는 노인에게 자꾸 시선이 끌리는 것은 왜일까.

손을 잡고 앉아있는 모습이 얼마나 다정하게 보였는지 모른다. 몹시 부러워 보인 것일까. 멋있게 보였다. 그렇게 목적지에 내렸는데 우연인지 두 노인도 함께 내렸다. 난 앞서가던 길을 멈추고 노인 앞에 섰다. 실례를 구하고 버스에서 있었던 내 생각을 전했다.

"어떤 사이신가요. 금슬이 매우 좋아 보입니다."

노부부에겐 질문 자체가 불량스러웠는지도 모른다. 그러나 내색은 하지 않고 밝은 표정으로 반문을 했다.

"어떤 사이인 것 같나?"

역시나 노부부였다. 괜찮으시면 약주 한 잔 대접하고 싶다며 음식점으로 안내했다. 노부부의 행색은 그렇게 부티나진 않지만 곱게 차려 입은 맵시에 기품이 있어 보였다. 무엇보다도 꼭 잡고 있는 두 손에서 오랜 세월 사랑과 신뢰가 쌓여 한 길을 걸어온 것 같은 아름다운 모습이었다.

노부부는 이런저런 이야기를 나누다가 나의 청을 거절할 수 없어 들어왔다며 약주 서너 잔을 들더니 먼저 자리를 비웠다. 짧은 시간 대화를 나누었지만, 정말 볼수록 멋지고 말솜씨도 품격이 있었다. 출출했던 터라 시킨 안주를 다 비우고 일어섰다. 계산대에서 내가 치러야 할 일이 없었다. 내게 술 한 잔 더 하고 가라고 값을 지불하고 갔다는 것이다. 몹시 부끄럽고 송구스러웠다.

한때 공직생활을 하면서도 늘 아내에게 미안했다고 한다. 너무나 긴 세월 동안 앞만 보고 달려가느라 옆에 있는 아내에게 소홀했기 때문이란다. 벌써 정년퇴직을 한 지 10년이 넘었지만 아내와 함께 하는 시간이 많아졌다고 한다. 많은 시간을 젊은이들처럼 데이트한다는 심정으로 이곳저곳을 다닌다고 한다. 이렇게 물 흐르듯 자유롭게 아내와 함께 다닐 수 있는 것이 그저 행복하다고 한다.

다시는 만날 수 없겠지만 노부부가 떠난 자리에서 한동안 서 있었다. 그분의 뒷모습이 황혼의 노을이 아니라 동해의 태양이라는 생각이 떠올랐기 때문이다. 결혼식에서 한평생 슬플 때나 기쁠 때나 아내만을 사랑하겠다고 서약을 한다. 살면서 과연 이 서약을 얼마나 지킬 수 있을까. 요즘같이 이혼율이 높은 시대에서 결혼 서약은 일종의 통과의례에 불과한 것일 수도 있다. 하지만 노부부는 젊은이들의 삶보다도 노년의 황금기를 멋지게 살아가고 있었다.

내 노년의 삶은 어떤 모습일까. 노부부의 삶처럼 지긋한 나이에도 곱고 멋스럽게 그리고 뒷모습이 아름다운 인생으로 꽃피울 수 있다면 무엇을 더 바랄까. 운동복 가방을 둘러메고 월미도 공원으로 향하는 발걸음이 경쾌했다.

(2)

특별한 날이나 기념일엔 라이브 카페를 찾는다. 특히 계양산 산자락에 위치한 S카페는 자주 찾는 곳이다. 유명 가수의 모습을 직접 볼 수 있다는 점도 있지만, 분위기 또한 가장 이상적인 장소라고 생각하기 때문이다. 언젠가 동료 일행과 회식을 마치고 그 카페에 갔을 때의 일이다. 젊은이보다는 중년층의 손님들이 대부분이었다. 음악이 출렁이는 카페의 분위기는 무르익어가고 있었다. 메모지에 신청곡을 적어내면 가수가 선곡해서 부르는 시간이었다. 백발이 성성한 한 노신사가 일어나더니 손님들에게 먼저 양해 인사를 올리고 노래 한 곡을 직접 부르고 싶다고 간청을 했다.

이유인즉, 본인의 생일을 맞아 자식들이 카페까지 자리를 준비했고, 돌아가신 모친의 일자도 본인의 생일날과 같다는 것이다. 즐거워해야 할지 슬퍼해야 할지 모친을 생각하면 가슴이 미어진다며 '불효자는 웁니다'를 부르고 싶다고 했다.

어찌나 구성지게 말을 이어가던지 손님들이 우레와 같은 박수를 치며 분위기를 띄웠다. 삼대가 함께 자리한 노신사는 눈물로, 마음으로 노래를 불러 손님들을 감동시켰다. 일행은 각출해서 노신사에게 생일선물로 즉석 금일봉을 전했다. 노신사는 카페 테이블마다 안주와 술을 베푸는 멋진 모습을 연출하여 또 한 번 박수갈채를 받았다. 배보다 배꼽이 더 큰 배포를 가진 분이었다. 멋지게 사는 것이 어떤 것인지 진면목을 보여준 셈이다.

인생은 60부터란 말이 있다. 문명의 이기로 삶의 질이 윤택해지고 수명이 늘어나면서 나이는 숫자에 불가했다. 한창 일할 시기에 제도권 밖으로 밀려나고 있는 게 현실이지만, 많은 사람들이 재취업을 하거나 소일거리로 새로운 삶을 살아가고 있다. 반면 노신사처럼 여행을 다니면서 즐기는 사람도 있다. '열심히 일한 당신 떠나라'란 어느 광고카피처럼 퇴임 후, 맛 나는 음식, 경치 좋은 곳 등 찾아다니며 유유자적(悠悠自適)하는 삶도 보람 있지 않을까.

내게도 분명 황혼은 찾아올 것이다. 두 분의 멋진 황혼이 그랬듯이 어느 날 갑자기 찾아온 것은 아니다. 오늘의 순간이 있기까지 그 분들은 열심히 살아왔고, 유비무환(有備無患)의 정신으로 노년을 대비했으리라. 준비하는 자만이 미래의 행복을 성취할 수 있다는 진리를 보여준 것이다.

두 분의 멋진 황혼을 닮고 싶다. 외적으로는 추하기보다는 곱고 순수하게 늙었으면 싶다. 또한 인생의 연륜으로 넓은 아량과 관용으로 상대방을 배려하고 베풀 줄 아는 내면이 따뜻한 품성을 소유한 사람이 되고 싶다. 그러기 위해선 얼마나 많은 노력과 성실함이 필요한지 잘 안다. 먼 훗날 멋진 황혼을 맞이하기 위해 매사 절차탁마(切磋琢磨)하는 자세로 살아가련다.

황혼이 물든 낙조(落照)는 아름답고, 황혼이 깃든 노을은 더 온유(溫柔)하다. 【2008, 스토리텔링으로 쓰는 인천】

그 분 아니세요

얼마 전, 동서와 백운역 근처에서 식사를 하고 있었다. 맞은 편 자리에 중년 부부가 앉았고, 시간이 흐를수록 한 부인의 시선이 이따금씩 마주쳤다. 상대방은 나를 알고 있는 것일까. 나는 전혀 기억이 없어 무안한 마음에 시선을 거두었다. 한참 후 중년 부부가 일어서더니 남편은 계산대로 향하고, 부인은 내 자리로 다가오더니,

"혹시, 그 분 아니세요?"

하며 이름을 묻고 자신을 소개한다. 그때서야 이름으로만 구면이었던 부인과 어색한 인사를 주고받았다. 인천문인협회 회원이었다. 반갑고 기뻤지만 무안하기도 했다.

행사에 참석을 해도 직접적인 대면이 없었기에 많은 회원들을 숙지하기엔 무리가 있었다. 당시만 해도 그 회원은 신입이었고, 작품 속 지면으로만 이름을 알고 있는 회원이었다. 근처에 살고 있었던 내외분은 가벼운 옷차림으로 시장에서 일을 보고, 식당에 들렀다가 나를 알아보았단다. 모른 척 지나쳐도 됐을 일인데 행여 선배님이 보고서도 모른 척했다고 나무라지는 않을까, 옷차림이 실례가 될까 싶어 나서야하나 한참을 고민하며 망설였다고 한다. 내겐 고맙고

감사한 일이다. 난 그 마음도 헤아리지 못했으니 얼마나 서운해 했을까.

그 일이 있은 뒤 인사라도 제대로 해야겠다 싶어 서재에서 회원의 이름과 작품을 찾아 읽고 반보기를 했다. 첫 만남이었지만 회원이라는 동질성으로 동정도 나눌 수 있어 좋았고, 모처럼 물을 만난 것처럼 즐거운 시간을 보냈다. 가깝게 살면서도 의사소통 단절로 멀어져 가는 회원 간의 거리감을 회복시켜준 즐거운 시간이었다.

언제부턴가 사내에서도 알아보는 직원들이 많아졌다. 매월 발행하는 사보는 보잘 것 없는 나의 존재를 전 부서에 근무하는 직원들에게 각인시키기에 충분했다. 인터넷 보급이 전무한 시절 사보의 영향력이 그렇게 큰 줄은 몰랐다.

당시만 해도 습작시기였는데 어쭙잖게 적었던 글이 사보에 활자화되어 나오자 매우 신기했다. 황홀함은 나를 그대로 두지 않았고, 끊임없이 습작을 유도했다. 글의 작품성은 떨어져도 다작을 하게 되었고, 매월 사보에 발표하는 영광을 얻기도 했다. 어깨에 날개를 단 것처럼 날아갈 듯 기뻤다.

업무적인 일로 타부서를 방문하거나 유선연락할 일이 있을 때면 덕을 보는 경우가 종종 있었다. 명찰을 보며 '사보에 나오는 그 분 아니세요.' 한다. 얼굴 없는 이름으로만 게재된 글인데도 많은 직원들로부터 사랑을 받을 줄은 몰랐다. 이것이 소리 없는 인지도의 힘이구나 싶었다.

볼품없는 사진도 올리면서 인지도가 올라갔다. 사내 길거리를 걷다보면 알아봐주고 인사를 건넨다. 그 중에서도 가장 자주 접할 수 있는 곳이 식당이었다. 긴 시간 동안 모르는 직원들과 마주 앉아 중식을 들다보면 내 앞에 앉은 직원은 매일같이 다른 사람들이다. 그 직원들 중엔 나를 알아보곤 먼저 묻곤 한다. '글 쓰시는 분 맞지요.

이번엔 사진도 실렸네요.'

칭찬은 고맙지만 자주 듣자니 부담이 되었다. 글에 대한 책임감과 사명감이 생기기 시작하면서 습작에 지나지 않는 글이 정말로 칭찬을 받을 만큼 웃어넘길 수 있는 것인지 고민했다. 작품성도 매우 부족한 글이다. 듣지 않으려 해도 들렸다. 내 삶의 진솔한 이야기와 이웃들의 살아가는 애환들을 엮은 것이기에 공감해 주지 않았나 싶다. 연예인 부럽지 않았고, 내실을 다져가며 영글어 가는 글을 써야겠다는 다짐을 하게 된다.

동창회 모임에 갔을 때 기업체에 근무하는 한 친구가 모 월간지에 실린 내 글을 읽었다며 반가워했다. 처음엔 동명이인인가 하고 글을 읽었는데 고향에 관한 내용을 읽고 확신했다는 것이다. 그때만 해도 예술제를 통해 입상을 하면서 월간지에 간간이 실리던 시절이었다. 조금씩 글에 대해 안목이 생기는 시기였다.

경제난으로 사보 발행이 중단되기 전까지는 하늘 무서운 줄 모르고 다작을 했다. 글에 대한 독자들로부터 쓴 소리를 들은 적은 없지만 질타의 두려움이 들었던 게 사실이다. 일종의 글에 대한 철학이나 무엇을 전해주고자 쓸 것인가에 대한 확신이 부족했기 때문이다.

교육이 있는 날이면 반드시 내 이름이 거론되곤 했다. 워크숍이나 리더 교육이 있는 날엔 단골 강사로 임원들이 참석한다. 강의에 집중하다보면 눈이 마주치고 강사는 '사보를 통해서 잘 알려진 인물이지요, 그 분(?)이 이곳에 오셨군요.' 하면 교육생들은 나를 쳐다본다. 사보 발행이 중단된 지 10년이 지났는데도 그 기억들은 사라지지 않았다. 좋기도 했지만 부끄러움을 감출 수 없다.

글을 쓰면서 사내외로 관련 활동을 한 것도 큰 영향을 받은 것 같다. 대학에서 국문학을 전공하면서 기자생활을 했다. 사회에선 노동문화제와 문학공모전에서 입상하고 문인협회 활동을 하게 되었다.

이러한 활동을 기반(基盤)으로 사내에서 사보기자로 홍보 편집위원으로 활동하면서, 작품도 기고하다보니 많은 직원들에게 사랑을 듬뿍 받았다. 지금도 그 사랑은 쉽게 잊히지 않는다.

인천광역시 하면 서울 인접 도시로 큰 도시 중의 하나다. 시내 음식점이나 백화점 등 어느 곳을 가든 우리 직원들 한두 명씩은 눈에 띈다. 부평의 자동차 대기업이다 보니 유니폼을 착용하거나 구면인 직원들을 자연스럽게 식별할 수 있었다. 가끔은 내가 살고 있는 도시가 큰 도시임에 틀림없지만 작게 보일 때가 있다. 젊음의 욕구를 확실하게 발산하는 곳에 가면 항상 직원들을 만나게 된다. 그 유니폼을 피하려 해 보지만 사복을 입었어도 알아보니 글의 위력을 실감하곤 했다. 어느 곳을 가더라도 직원들을 만나게 되니 작다고 느낄 수밖에 없었다.

휴가를 다녀왔을 때이다. 우연의 일치겠지만 직원을 만나리란 생각은 전혀 못했다. 잘 알려지지 않은 계곡이었고 예약도 하지 못한 상태에서 운 좋게 계곡에 입성하게 됐다. 계곡에 텐트를 치고 다음 날 저녁이 되었는데 옆자리 텐트에 손님이 잠시 다니러 온 모양이다. 그 손님이 나를 알아본 것이다. 사보를 통해서 알게 됐다고 한다. 잠시 동안의 만남이었지만 기쁘고 흡족했다. 초면의 직원이 휴가지에서 나를 알아봐주다니 미안할 정도로 고맙고 행복한 순간이었다.

듣기 좋은 말만하니 부담스럽다. 어디를 가든 조심스럽고 주위를 살피며 긴장하게 된다. 주목을 받을 만한 대상은 아니지만 직원들이 사랑을 준 만큼 은근히 걱정이 앞선다. 혹시 공공장소에서 무례한 모습을 보이지는 않았는지, 무심코 한 행동거지를 직원이 알아보고 거슬리지는 않았는지 돌아보게 된다.

직원들을 만나면 첫 인사가 요즘은 글 안 쓰냐고 묻는다. 중단된 사보를 접할 수가 없으니 궁금했음이다. 글쟁이가 글을 쓰지 않으면 직무유기다. 글은 누군가 물어서 쓰는 것이 아니고 써야할 일이기에 언제까지고 쓸 일이다. 알아주는 사람을 위해서가 아닌 자신을 알고 깨닫기 위함이다.

살면서 누가 먼저 알아보면 그것처럼 반가운 일이 없다. 잘난 것 없는 내가 글 덕분에 기쁨과 즐거움으로 함께했던 시간들이 많았었다. 문학이라는 글을 통해서 내 존재를 많은 사람들에게 알릴 수 있다는 것은 큰 자산이고 용기를 갖게 하는 문학의 힘이다.

【2019, 제37회 제물포예술제 기념포켓시집】

3부 • 가을 운동회

가을 운동회

생각만 해도 꿈같은 날이었다. 오색 만국기가 하늘에 펄럭였고, 구름 한 점 없는 하늘은 아득히 높게만 보였다. 그 시절 넓은 시골 운동장엔 응원하는 함성이 하늘을 찔렀고, 마을 전체가 떠나갈 듯했다. 동네 어르신들, 아이 할 것 없이 함께 즐겼던 가을 운동회는 동네잔치나 다름없었다.

민통선 지역에서의 운동회였으니 풍성한 곡식을 거둬들이는 만큼 연중 가장 많은 과일과 곡식들을 먹을 수 있는 유일한 기회이기도 했다. 해마다 운동회가 있는 날이면 며칠 전부터 손꼽아 기다려지곤 했다. 왜 시간이 더디 가는지 내 마음은 벌써부터 운동장에 가 있었다. 어머니가 심부름을 시켜도 내키지 않았고, 공부는 뒷전이었으니 망아지 뛰어 노는 격이었다. 그렇다고 달리기에 자신이 있는 것도 아니었다. 매번 등외였으니 공책 한 권 받아보지 못하면서도 기다려지고, 즐거웠던 것은 하얀 눈이 내렸을 때 마냥 좋아하며 뛰어 노는 강아지와 같은 심정 때문이었을 것이다.

돌이켜 보면 우승 욕심이라곤 모르고 자랐던 어린 시절이었다. 운동회 날 달리기에서 늘 등외였지만 달리기가 싫다거나 짜증을 냈던 기억은 없다. 그저 먹을 것 많고, 즐겁기만 하면 바랄 것이 없는 그런 시절이었다. 공기 좋고 물 맑은 깊은 산속 마을만큼이나 때 묻지 않았을 적의 시절이 아니었나 싶다.

찌들은 도시에서 터를 잡고 생활한 지도 어언 스무 해가 지났으니 생활습관이나 사고방식도 많이 변했을 텐데 지금도 모든 일에 우승 욕이 드러날 만큼 강하지 못한 것을 보면 그것도 성격 탓이 아닐까. 자연 속의 생활에 익숙함이 우승 욕을 무디게 했음이다.

그러나 큰아이는 모든 일에 적극적이고 우승 욕도 매우 강하다. 평소에 아이들끼리 놀이하는 것을 보아도 그렇고, 공부하는 것을 보아도 알 수가 있다. 누구를 닮아 그런지 우승 욕이 강한 만큼 노력하는 모습을 옆에서 지켜보면 그렇게 아름답고 흐뭇할 수가 없다. 언젠가 아내는 출근하는 내게 아이들의 운동회가 있다며 회사에서 멀지 않으니 시간 내서 다녀가라고 한다. 아이들이 원하는 일인데 못 들어 줄 이유가 없었다. 아무리 바쁘더라도 중식 시간에 시간을 내야했다.

"아빠, 달리기 2등 했어요."

큰아이는 아라비아 숫자 2라고 찍힌 팔뚝을 내보이며 자랑스럽게 말했다. 제 부모를 닮아 달리기는 으레 못하려니 했는데 2등을 했다니 좋아하는 아이의 모습을 보니 그렇게 기쁠 수가 없다.

"그랬니? 아빠보다 달리기를 잘하는구나." 하고 칭찬을 하니 옆에 있던 작은아이는 '아빠 나는 4등 했다.' 며 자신의 실력에 만족해하는 눈치다.

해마다 이맘때면 초등학교 가을 운동회가 열린다. 매년 아이들 운동회가 있는 날이면 마음은 가고 싶지만 회사 일로 참석하지 못해 아이들에게 늘 미안했었다. 운동회가 끝나고 나면 달리기에서 등수에 들지 못해 실망한 듯 '아빠는 초등학교 때 달리기를 잘 했느냐.'

고 반문하곤 한다. 그러면 나는 단거리는 잘 뛰지 못했지만 장거리는 잘 뛰는 선수였다고 들려준다. 아빠처럼 단거리를 잘 뛰지 못하는 사람은 반대로 장거리를 잘 뛸 수 있는 거라며 희망과 용기를 주곤 한다. 그러면 장거리는 잘 뛸 수 있을 것 같은 생각이 드는지 마라톤에 대해서 자꾸 묻곤 한다.

큰아이의 심정을 왜 모를까. 내가 초등학교 시절 운동회 날에도 달리기는 항상 등외였다. 그러니 부전자전인 셈이다. 넓은 운동장에 100m 달리기가 왜 그렇게 멀게만 보였는지 달리기가 끝나고 나면 힘에 겨워 자리에 눕곤 했다. 파란 하늘이 빙빙 돌았고, 한참을 그렇게 있어야 했다. 큰아이도 1, 2학년 운동회 때마다 달리기에서 늘 등외였으니 그 조그마한 새가슴에 왜 마음이 상하지 않았을까. 그러던 아이가 도심지 학교로 전학을 와 첫 번째 맞는 운동회에서 2등을 했으니 어찌 기쁘지 않았을까. 내가 초등학교 시절 한 번도 등수에 들지 못했던 것을 보상이라도 해주는 듯 큰아이가 대신 해준 것처럼 내 마음도 아이 못지않게 흐뭇했다.

내게 있어 가을 운동회는 잊을 수 없는 소중한 추억이다. 달리기에서 상장이라곤 받아보지 못했기 때문에 지금도 더욱 생생하고 그 시절의 일들이 떠오르는 것 같다. 자라면서 우승 욕이 강한 큰아이가 자칫 달리기 때문에 언젠가는 마음에 큰 상처가 되지 않을까 염려 된다. 무슨 일이든지 일등을 해야 하고 이겨야만 직성이 풀리는 아이였기 때문이다.

큰아들에게 한 예를 들려주었다. 달리기 경주에서 2등을 달리고 있는데 일등을 달리던 아이가 넘어져서 달리기를 멈추고 넘어진 아이를 일으켜 세우고 보니 꼴찌를 할 수밖에 없었을 경우, 아이의 생각을 들어보았다. 큰아이의 답변은 역시 우승이라 한다. 옳은 변인지도 모른다. 각종 매스컴이나 신문 등을 보고 들으면 오늘날 스포

츠 세계는 일등만을 요구하고 있는 것이 현실이기 때문이다.

내가 바라는 것은 아이가 성장하면서 우승 욕도 중요하겠지만, 때론 동료를 위해서 우승 욕도 포기할 줄 아는 그래서 훈훈한 인간의 정이 묻어나는 동료애와 같은 아름다운 추억도 가져볼 수 있는 그런 아이들의 세계를 만들어 주고 싶은 마음이다. 아주 짧은 시간이었지만 아이들이 흡족해 하는 모습을 대하니 잘 왔구나 싶다.

"아빠가 오셔서 2등을 했나 봐요." 하던 큰아이의 말이 귓가에 맴돈다. 점심시간이 끝날 즈음 아이들과 헤어져 회사로 발길을 돌리면서 내년에도, 아니 앞으로는 매년 참석해야겠다는 다짐을 해본다.

【2002, 제물포수필 41집】

아들

텔레비전을 보고 있던 아이가 갑자기 투덜대며 심각한 표정을 짓는다. 평소 오락프로나 교양프로를 즐겨보았던 아이의 표정을 생각하면 의외였다. 도대체 무슨 프로그램을 보고 있는데 그럴까 궁금해졌다. 그러면서도 채널을 바꾸지 않고 시선을 고정시키고 있다. 잠시 후, 우렁찬 목소리가 거실의 침묵을 깨고 들려왔다. 듣고만 있어도 단번에 무슨 프로그램을 보고 있는지 알 수 있었다. 아이는 훈련소 병영생활을 시청하고 있었다.

그때가 중2학년이다. 아이가 방송을 보고 있는 것도 내겐 신기로운 일이었다. 이른 듯 했지만, 평소 어떤 군대에 가고 싶으냐. 물어보면 나의 질문은 엇나갔다. 힘든 군대는 안 가고 동사무소에서 근무하는 공익요원이 되겠다고 스스럼없이 말했기 때문이다. 은근히 해병대 후배로 만들 요량이었던 난 할 말을 잃었다. 아이의 입장에선 당연한 말이었는지도 모른다. 자라나는 세대이고 자주 마음의 변화를 보이는 것을 보면 아직은 이른 감이 없지 않았다.

또래들에 비해 체력이 약하기도 했지만 힘든 일이나 과격한 운동은 멀리한 편이다. 때문에 병영방송도 멀리하곤 했었다. 머리가 커가면서 생각이 바뀐 것인지 궁금했다. 시청하고 있는 아이 옆에 앉았다. 해병대 수색 교육 중 바닷가 모래사장에서 고무보드를 머리에 이고 훈련받는 모습이 나오고 있었다.

"아빠도 저 훈련받았어요?"

일그러진 얼굴과 고통스런 신음소리가 힘겹고 안타깝게 보였는가 보다.

"그럼, 한 달에 일주일씩 매달 훈련을 받았지." 내 얼굴을 힐끔 쳐다본다. 대통령 경호부대로서 IBS기습특공[2] 훈련을 받았다.

아이가 초등학교 6학년 때 병영체험을 신청한 일이 있었다. 체격은 컸지만 체력이나 정신력은 약했기에 내가 선택한 처방이었다. 아이한테는 묻지도 않고 인터넷으로 신청했다. 추첨으로 선택된 뒤 아이에게 자세한 내용을 일러주며 함께 가자고 권유했지만 끝내 체험을 포기하고 말았다. 아이로서는 마음에 부담이 앞섰던 것이다. 내 생각만으로 욕구를 충족시키려 했던 것이 역부족이었다. 성급한 판단으로 일을 그르치고 말았다.

그 후 강인한 체력과 정신으로 무장시켜야겠다는 생각은 변함이 없었다. 자신을 누구보다도 잘 알고 있었던 아이가 병영체험을 포기한 선택이 옳은 듯싶다. 기초체력이 있어야 체험도 가능했기 때문이다. 생각 끝에 일정한 체험과정을 경험하는 것도 중요했지만, 평소 체력관리를 위해 생활화된 습관이 더 필요함을 가지게 되었다. 그러고 나서 체험과정도 자연스럽게 접할 수 있으리라.

함께 할 수 있는 운동으로 달리기를 선택했다. 한창 마라톤에 매료되어 달리기를 생활화하고 있었던 나로서는 힘겨운 일이 아니었지만, 아이들에겐 쉽지 않은 일이었다. 마침 아파트 건너편엔 부평

---

2) IBS(Inflatable Boat Small : 소형고무보트) 기초해상훈련

공원이 조성되어 있어 마음만 먹으면 달리기 운동을 얼마든지 할 수 있는 환경이었다. 고층 거실에서 내려다보면 공원엔 항상 많은 사람들이 운동을 하고 있었다. 그 전경만 보고 있으면 또 달리고 싶은 충동이 생기는데 아이들은 별 반응이 없다.

학교, 학원, 독서실, 게임 등 아이들의 하루 사이클이다. 그러다 보니 몸은 지쳐 있었고, 생기라곤 찾아볼 수 없었다. 혹시 마음까지 찌들거나 지쳐있으면 어쩌나 걱정이었다. 활동적이지 못한 탓일까. 동(動)적인 취미를 멀리하는 경향이 있었다. 아이들에게 필요한 것은 운동에 대한 필요성이었다. 운동에 취미를 갖게 되면 식욕도 생길 것이고, 식욕이 좋아지면 체력은 자연히 나아지고, 무슨 일이든 의욕과 자신감이 생기지 않을까 바람이었다.

어느 날, 저녁상을 물리고 가족이 마주 앉았다. 처음부터 아이들이 싫어하는 달리기를 강요하는 것은 무리였기에, 아이들이 좋아하는 농구 이야기로 말문을 열었다. 우선 물을 먹이기 위해 개울가로 데려가는 것이 문제였다. 아이들은 농구를 하고 아내와 난 달리기하기로 합의점을 찾았다. 그러자 아이가 돌발 질문을 던졌다.

"왜, 아빠는 힘든 일을 찾아서 하는지 모르겠어요. 군인 지원한 것도 그렇고, 달리기하는 것도 그래요."

"지금은 이해하기 힘들겠지만, 너희들이 더 크면 다 이해할 수 있으리라 믿는다. 아빠는 젊음이란 도전정신이라고 생각하면서 자랐어. 그 말은 젊은이는 젊은이다워야 한다는 말이야. 특히 학생은 몸과 마음이 건강해야 돼. 학교생활이나 사회생활을 하다보면 내 마음 내키는 대로 편하게만 살 수 있는 것은 아니야. 때론 원치 않는 일도 해야 할 때가 있지. 그럴 때 자신 없어서 못한다고 하기보다는 나는 할 수 있어. 이것이 젊은이고 학생이라고 생각해. 달리기는 자신과의 싸움이야. 자신과의 싸움에서 이기는 사람은 무슨 일이든 할 수 있다는 자신감이 생기지. 아빤 그것을 심어주고 싶은 거야."

공원으로 함께 운동을 나갔을 때, 물가로 나온 것만으로도 흡족했다. 어떤 운동을 하든지 준비운동은 기본이라는 말만 했을 뿐, 아이들에게 더 이상 무엇을 원하기보다는 자유롭게 마음껏 뛰어 놀았으면 싶었다. 스트레칭이 끝나고 아이들이 앞서 달려간다. 한 바퀴(1.5km)를 힘겹게 돌고는 주저앉았다.

걱정했던 대로 아이들의 체력은 또래들보다 떨어졌다. 숨이 턱에 차오르면서도 속에 있는 말을 시작했다. 급우 중에 2km를 십 분 안에 통과하는 친구들이 많다는 것이다. 한 바퀴에 십 분이 소요되는 아이들에게는 무리일 수밖에 없었고, 친구들이 부러워 보였던 것이다. 처음으로 아이들의 체력을 객관적으로 가늠할 수 있었던 계기였다.

노력 없이 주어지는 것은 없다. 체력증진은 농부가 씨를 뿌리고 노력한 만큼 걷어 들이는 것과 같았다. 운동을 통해서 신체적 근력강화도 중요했지만, 아이들이 평소에 자신감을 가져주었으면 하는 바람이 더 컸다. 내가 마라톤을 시작할 때처럼 아이들이 일정기간 동안은 짜증스럽고 힘겹겠지만, 동기를 부여해 자주 함께 하는 시간을 만들어 주는 일이었다.

어느 날인가. 저녁에 운동복으로 갈아입자 아이들이 따라나섰다. 농구를 한다는 것이다. 오랜만에 있는 일이었다. 시간만 있으면 컴퓨터 게임에 열중하던 아이가 운동을 한다고 하니 마음에 변화가 생긴 것이다. 아내까지 동행하고 나섰다. 며칠 있으면 달리기 체력시험이 있어 따라나섰다고는 했지만, 내겐 기특하기만 했다. 예전 같으면 운동엔 자신이 없다며 포기할 아이였는데 해보겠다고 용기를 낸 것이 아닌가. 비록 체력 향상이 하루 이틀에 나타나는 것은 아니지만, 최선을 다하겠다는 의지를 보인 것만으로도 아이의 변한 마음을 읽을 수 있어 흐뭇했다.

운동이라는 용어가 체력이 약한 아이들에겐 부담이 되는 것 같았다. 그 후로 운동을 나갈 땐 산책이란 용어로 대신했다. 기초체력을 키우는 방법은 강요하지 않기로 했다. 함께 산책을 할 수 있도록 자연 속으로 이끌어내고 스스로가 무엇을 하도록 유도하는 것이었다. 공원으로 산책을 나가 달리기는 하지 않아도 농구를 하며 땀을 흘리고, 인라인 스케이트를 타며 생기를 되찾을 때, 기분 전환은 물론 왕성한 식욕까지 보이곤 했다.

산책을 즐길 때마다 아이들의 체력이 좋아져 감을 체감으로 느끼곤 했다. 머지않아 병영체험도 해 보겠노라고 당당하게 선언하지 않을까 하는 희망도 가져보았었다. 그때 진정 바라는 것은 몸과 마음이 건강하고 자신감 있는, 도전 정신의 학생으로, 젊은이로 자랐으면 하는 바람이었다. 아이들과 산책을 하는 길은 이러한 희망을 심는 일이었다. 【2005.08.20.】

어린이

어린이날, 카풀 동료는 아이와 함께 어디에 가야할지 걱정을 한다. 초등생을 둔 동료의 얼굴에 수심이 가득했다. 모두가 어린이날이라고 공원 등 공공장소엔 만원일 텐데, 집에서 보내게 할 수는 없는 걱정거리였다. 큰아이를 둔 나와는 늦게 아이를 둔 동료의 걱정거리가 남일 같지 않다.

요즘 같아선 머리 큰 아이들 얼굴 보기가 힘들다. 나보다 더 늦게 들어오니 먼저 잠자리에 들기 때문이다. 내게도 동료와 같은 시기가 있었다. 문밖을 나서면 고생인 것을, 한때 피곤하다는 핑계로 함께 하지 못한 때가 있었다. 그 후로 아이들이 말을 잘 할 때(6,7세) 친구가 되어주고자 함께 놀아주곤 했다. 몸은 피곤해도 아이를 위해서라면 시간을 투자해 기뻐하며 가족의 의미를 심어주는 자상한 아버지가 되고자 노력했다. 아이들의 어린 시절을 돌아본다. 장롱에 챙겨 둔 앨범 속에는 보물 같은 아이들의 모습이 살아 있다. 앨범에는 아이별로 구분하여 정리가 잘 되어 있다. 앨범의 낱장을 넘긴다. 하나둘씩 아이의 멋진 모습과 앙증스러운 사진들이 나타날 때마다 새롭게 그 시절로 돌아간다.

사진 한 장엔 많은 추억의 이야기들이 담겨 있다. 그 중에서도 몇 장의 사진 속에서 가슴 아팠던 일들이 떠올랐다. 두 아이가 초등학교 입학하기 전의 일이다. 큰아이는 TV가 쓰러지는 바람에 이마에 상처를 입은 일이고, 작은아이는 장난이 심해 앞으로 엎어져 이마에 주먹만 한 혹이 불거진 사진이었다.

공교롭게도 이마에 난 상처 사진이 나란히 꽂혀 있다. 지금이야 배꼽 잡고 웃음이 터져 나왔지만 그때는 가슴 아픈 순간이었다. 아무렇지 않은 듯 맑게 웃고 있는 아이들을 보고 있으니 가슴이 짠했다. 상처가 채 아물지 않은 사진이었다. 보살피지 못한 부모의 탓으로 그 아픈 상처를 입고도 잊은 듯 활짝 웃고 있는 모습에서 마음은 한없이 쓰리고 아팠다. 얼마나 많은 눈물을 흘리며 아파했던 일이던가. 상처가 깊어 흉터로 남지 않을까 큰 걱정이었는데 다행히 흉터는 잘 아물었다.

익살스러운 표정에 짓궂은 일은 도맡아했던 작은아이 사진이 눈에 들어온다. 장난꾸러기 모습이 사진 속에서도 그대로 살아 있었다. 권총을 허리춤에 차고 주택 골목을 누비고 다녔던 아이였다. 그러다가도 저녁만 되면 어디서 넘어졌는지 상처를 달고 돌아오곤 했다. 연년생이었던 아이들은 먹이를 찾아 집을 나갔던 닭들처럼 자유롭게 놀다가 들어오곤 했다. 그렇게 어린 시절을 보내며 자랐다.

아이들에게만은 관대하게 대했다. 하고 싶은 것들을 할 수 있도록 배려하고 꿈도 심어줄 수 있는 아빠이고 싶었다. 우리 가족의 기둥이고, 우리나라의 새싹이 아닌가. 어린 시절엔 즐겁고 신나는 일만 있을 수는 없다. 그러다보니 예상치 못했던 사고까지 일어나곤 했다. 다행히 큰 사고 없이 자라준 아이들이 고맙기만 하다.

그 어린이였던 아이들이 대학생이 되었다. 이젠 사회를 배워가는 학생으로서 사회생활의 수습생활을 하고 있다. 지금도 아이들이 문

밖을 나가면 역시 어린이 대하듯 걱정은 변함이 없다. 동료들과 잘 어울리는지, 학생으로서의 역할을 잘 해나가고 있는지 모든 게 조심스럽기만 했다.

올해로 어린이날이 85회를 맞이했다. 어린이의 행복과 인권을 보호하고 인격을 소중히 여기기 위해 제정한 날이기도 했다. 하지만 오늘날의 현실은 어떠한가. 어린이 유괴 살인 사건 및 아동 폭행 사건으로 전국이 시끄럽다. 자식을 키우고 있는 부모의 입장이 아니라도 이런 소식을 접하면 누구나 흥분할 일이다. 자식에게 닥칠지 모르는 위험에 대한 불안감이 높기 때문이다.

초등생 살해 암매장 사건은 어린이 납치문제에 대한 사회적 관심이 높아지고 있다. 더구나 피의자의 잔인한 범행수법이 경찰 수사를 통해 드러나면서 유사한 사건의 방지를 위한 대책 마련이 시급히 요구되고 있다. 이뿐인가. 부채를 견딜 수 없어 자녀를 차에 태운 채 일가족이 강물로 돌진해 자살하는 경우는 자녀학대가 아니고 무엇인가. 그렇게밖에 할 수 없는 가장의 심정도 있었겠지만 씁쓸한 마음이다.

어린이 학대는 대부분 집 안에서 이뤄지며 경제 사정이 어려운 가정에서 많이 발생한다고 하니 큰 충격이 아닐 수 없다. 어린이는 집 안에 새싹이요, 내일의 희망이다. 가정을 일으킬 사람도 어린이요, 우리나라를 짊어지고 갈 사람도 어린이인 것이다. 어린 시절엔 즐거운 일과 슬픈 일들을 겪으면서 자랄 수 있다. 하지만 어린이의 생각과는 다르게 어른들에 의해서 자행되는 슬픈 일과 비극적인 일은 절대로 있어서는 안 된다.

내일의 꿈나무인 희망을 한순간 무참하게 짓밟는 일이기 때문이다. 장래의 잠자는 거인은 어린이이다. 세계를 이끌어가는 주역이기 때문에 주무시는 거인이라고 할 수 있다. 어린이는 미래의 인적자원이다. 무한한 부가가치를 창출할 수 있는, 이 지구상에서 투자가치가 가장 큰 존재이다. 요즘같이 맞벌이 부부가 많은 현실에서 부모의 걱정과 각별한 관심은 더욱 필요한 때이다.

농부가 쌀 한 톨을 생산하기까지는 수많은 공정을 거쳐야 한다고 한다. 좋은 볍씨를 잘 선별해서 뿌리고 싹을 틔어 잡초를 제거하고 김을 매주고 병에 걸리지 않도록 보살피고 잘 관리해야 한다. 이렇게 농부의 정성어린 땀과 노력이 배어 있는 벼에서는 튼실하고 풍성한 결실을 맺는다. 어린이의 성장기도 크게 다르지 않다. 부모의 사랑과 관심 속에서 자란 어린이는 몸과 마음이 튼실하고 건강하게 자란다.

반면 부모의 사랑을 받지 못하고 자란 어린이는 사회에서 사랑을 줄줄 모른다. 그러다보니 성인이 되어 사랑결핍증에서 오는 어린이 유괴사건, 성폭행 사건 등 극단적인 범죄를 낳기도 하는 것이다.

통탄할 일이다. 어린이는 어른들이 보호하고 바른 길로 인도해야 할 의무가 있다. 어른들은 새롭게 피어난 어린 새싹을 무참하게 꺾어선 안 된다. 보듬어 주고 희망과 사랑을 심어주어 내일의 거인으로 성장할 수 있도록 노력을 아끼지 말아야 한다. 어린이는 새싹이요, 우리나라를 짊어질 우리의 꿈이기에…. 【2010.06.09.】

수학여행

내게 학창 시절, 수학여행의 경험은 없었다. 70년대 초기였던 그 시절에 학교가 전방지대에 위치해 있었는데, 중학교는 물론 고등학교 때에도 여행은 가지 못했다. 필요성은 간절했지만, 가정 형편상 갈 수가 없었다. 그저 학교에 진학한 것만으로 만족했다. 수학여행의 추억만 할까마는 내겐 유일한 추억이 있다. 바로 소풍 가는 날의 기억이다. 아직도 생생하게 남아 있다.

소풍 단골 장소는 읍내에 있는 영국군 묘지다. 십오 리의 비포장도로 길을 걸어서 가는 소풍이었는데도 뭐가 그렇게 좋았는지 마냥 즐겁기만 했다. 먹을 것이라곤 감자와 사탕이면 최고였다. 도보로 원거리를 걷는 것도 힘든 줄 몰랐고, 보물찾기, 노래 부르기, 점심 먹기는 소풍날에 유일한 낙이었다. 어쩌다 선생님의 도장이 찍힌 흰 종이를 찾으면 세상을 얻은 것처럼 기뻤고, 보물찾기나 노래 부르기에서 부상으로 받은 공책보다는 달콤한 사탕을 주었으면 싶었다. 그것도 눈깔사탕처럼 큰 사탕을 말이다.

얼마나 먹는 것이 그리웠는지 그 시절 신작로엔 허름한 구멍가게가 있었다. 그곳엔 고만고만한 아이들이 북적였고, 아이스크림이나 과자 봉지, 사탕을 사들고 나오는 아이들을 바라보면 부러움으로 서 있어야만 했다. 한여름의 목마름처럼 목이 타도록 군침이 돌면 여물광에 낳았을 달걀이 눈에 삼삼하게 걸렸다. 군것질에 침이 넘어가도 아버지의 호통소리가 무서워 손을 대지 못하고 그렇게 서 있어야만 했다. 때문에 계란 부침을 먹을 수 있는 기회도 소풍날의 특권이었다. 꿈같은 시절의 날이었다.

돌아보면 풍족하지 못한 시절이었기에 배고픔의 설움과 소중함을 절실하게 느낄 수 있었다. 그때부터 세상을 바라보는 안목과 자립심이 싹트기 시작한 시기가 아니었나 싶다.

큰아이가 경주로 수학여행을 떠났다. 2박 3일 간의 집을 떠나 여행하기는 이번이 처음이다. 집밖에 모르던 아이가 여행지에서 적응을 잘할지, 즐거운 추억을 만들고 올지 걱정이 앞선다. 일찍 나서야 한다며 출근길에 따라나선 아이에게 잘 다녀오라는 의례적인 말뿐, 보듬어주며 여비도 챙겨주는 자상한 아빠 모습으로 대해주지 못해 마음에 걸렸다. 물론 제 엄마가 용돈을 챙겨주었지만 망설였다.

평소 잠이 많아 제 엄마를 무던히도 애먹이곤 했는데 오늘은 달랐다. 시간이 늦으면 안 된다며 제 시간에 꼭 깨어 달라고 부탁까지 하고 잠자리에 들었다. 아침이 되자 스스로 일어나 밝은 표정으로 준비물을 점검하고 있었다. 얼마나 기대가 컸으면 그랬을까. 그 심정 왜 모를까. 어릴 적 부산을 떨던 내 모습 보는 것 같아 물끄러미 쳐다보며 웃고 있었다.

아내는 아이의 여행을 준비하느라 며칠 전부터 걱정이 태산 같았다. 모자를 사고 가방도 사고, 옷가지도 사야 한단다. 사야할 것이 왜 그렇게 많을까. 원하는 것 다 사주고 싶은 것이 부모라고 하지만 꼭 필요한 것일까. 다들 그렇게 준비한다고 하니 내 자식도 소홀히 할 수야 없었겠지, 하지만 잘못된 습관을 길들이게 하는 것은 아닌지 걱정도 따랐다.

훌쩍 커버리자 먹는 것에도 신경이 쓰였다. 자란 만큼 체격도 좋아야할 텐데 그렇지 못하니 걱정이었다. 먹는 것과 움직이는 것을 생활화해야 했다. 하지만 쉽지 않은 일이었다. 협박도 하고, 타협을 해보았지만 설득하지 못했다. 그러다 보니 비만 걱정하는 아이들이 부럽기도 했다.

나도 유년시절 투정은 했지만, 먹을 것이 풍족하지 못했던 그 시절과 지금의 성격은 달랐다. 문화생활이란 모르고 자랐던 민통선 마을에서 채식 위주의 찬거리가 유일했다. 하지만 도시에서 자란 아이의 찬거리란 얼마나 많은가. 육류 등 다른 반찬도 먹어보았으면 하는 바람이었지만, 먹거리 선택의 폭이 큰 도심의 환경에선 쉽게 바뀌지 않았다. 인스턴트식품 세대가 아닌가. 먹을 것이 흔한 환경이다 보니 입맛에 맞는 것만 선호했고, 자연히 주식인 밥은 뒷전이다. 마음만 먹으면 주전부리는 식사대용인 셈이다. 그런 아이가 집 떠나 밥을 잘 챙겨 먹을까 걱정이 되는 것이다.

2박 3일간의 여행을 마치고 돌아온 아이의 얼굴은 수척해졌고, 체력의 한계를 느꼈는지 피로한 기색이 역력했다. 그러나 내가 걱정했던 식사 문제나 여행의 애로사항은 별 무리가 없었다고 한다. 의외였다. 반면 대견스럽기도 했고, 어떤 연유였을까.

예상대로 첫날엔 주문 도시락을 먹는데 튀김이나 햄, 소시지 찬에 손이 가더라는 것이다. 부족한 식사량은 간식으로 해결했단다. 이틀째는 여행지를 구경하느라 발품을 많이 판 때문일까. 식욕이 돋워 도시락을 싹싹 비웠다. 간간이 주전부리 생각도 간절했지만 이미 주머니 사정은 비어 있었고, 엄마, 아빠의 생각이 떠올랐단다.

그 대목에서 아이의 어떤 말이 이어질까 긴장되었다. 집이라는 울밖을 떠나 여행한다는 것도 처음이라 생소했고, 바뀐 잠자리도 예민

한 아이로서는 힘들었을 것이다. 또한 간식 비용이 떨어졌을 땐 두둑하게 여비를 챙겨주지 못한 엄마가 미웠지만, 한편으론 일부러 부족한 듯, 준 이유가 있지 않을까 생각했다고 한다. 때문에 식사 때마다 전쟁을 치르듯 "밥 먹어라. 골고루 먹어라."고 한 엄마의 모습이 떠올랐고, 그때서야 그 의미를 깨달았단다.

듣고 보니 여행에서 돌아온 아이가 한층 성숙해진 것 같다. 예전엔 투정부리고 동생과 툭하면 다투기가 일쑤였다. 그 모든 일들이 한순간 내 기억에서 사라지며 대견해 보였다. 첫 나들이 여행이 그렇게 큰 변화를 가져올 줄 몰랐다. 신선한 충격이다.

그 후, 체력에 신경이 쓰였다. 나와는 달리 유난히 아침잠이 많아 밥 먹는 게 부실했다. 책가방을 짊어지고 가는 것도 힘겨워 보인다. 하루는 아침 운동을 권하니 선뜻 응한다. 쉽지 않다는 것을 알면서도 말이다. 몸은 따라주지 않지만 운동을 하고 싶은 심정이었으리라. 아침에 깨우니 일어나지 못한다. 몇 번이고 시도해 보았지만 새벽에 일어나는 일이 아이에겐 쉬운 일이 아니다. 홀로 조깅을 해야만 했다.

중2가 되자 설악산으로 수학여행을 다녀왔다. 두 번째 다녀온 여행이라 마음가짐이나 준비하는 태도가 많이 달랐다. 소중한 시간을 배분하는 능력과 준비물 취사선택의 안목도 넓어졌다. 무엇보다 단체생활의 의미를 깨우치고 돌아온 것 같아 흐뭇했다.

겉모습만 보고 체력을 지나치게 걱정함이었을까. 보기와는 달리 생각하는 마음까지 매우 유쾌하고 건강한 모습이다. 내 학창시절 여행에서의 즐거움이란 풍족한 먹을거리와 맛있는 것을 먹는 것이었다. 그러나 아이의 여행에서의 즐거움이란 먹을거리보다는 볼거리와 즐길 거리라는 점이다. 내가 걸어온 길을 토대로 성급히 아이에게 강요한 것은 아니었나 싶다. 유난히 먹을거리와 체력을 걱정했음이다. 먹는 것에 투정하는 일 한창 나이엔 자연스러운 현상이 아닐까.

세월이 약이란 말이 있다. 자란 환경만 다를 뿐 내 성격까지 빼 닮은 아이가 아닌가. 지금이야 바라는 대로 아이의 식성이 쉽게 바뀌기야 하겠는가. 내가 그랬듯이 성장하면서 사회생활 속에서 자연스럽게 바뀌어 갔으면 좋겠다. 그보다 여행을 통해서 성숙해져 가는 아이의 마음가짐과 정신자세가 얼마나 희망적이고 대견스러운가.

이제 내가 해야 할 일은 아이의 나약한 체력과 정신세계를 무장시키는 일이다. 무슨 일이든 할 수 있다는 정신력을 재무장하는 일이다. 베란다 창문 밖으로 새로 단장한 넓은 공원이 보인다. 많은 시민들이 달리는 모습에서 부자(父子)가 운동하는 모습도 상상해 본다. 【2012.06】

여친

저녁에 전화 받으면 끊어지고, 어쩌다 전화가 연결되면 몇 번이고 상대방의 반응이 없다. 수화기를 놓고는 별 사람도 다 있구나 하고 쓴웃음을 지었다. 아내는 짐작이라도 한 듯 누구의 전화냐고 묻는다. 내 이야기를 듣자 작은 녀석의 여자 친구가 생겼다는 것이다. 좀 더 부드럽게 받을 걸 눈치 없이 누구냐고 했으니 실망한 채 끊은 모양이다.

오 학년 막내아들이다. 친구들한테 인기가 있는가 보다. 평소 활동적이고 친구들과 어울리기를 좋아한다. 아직 어리긴 하지만 남에게 양보할 줄 알고, 베풀 줄도 아는 마음을 가졌다. 잘난 외모는 아니지만 남자다운 멋을 풍기는 면이 있는 것을 보면 당연한지도 모르겠다. 요즘 들어 외모에 부쩍 관심을 가지는 것을 보면 싫지는 않은 것 같다.

얼마 전부터 친구가 있는 것 같다고 듣기는 했지만, 육성은 처음이다. 초등학교 시절 좋아하던 친구가 있었다는 것이 얼마나 아름다운 일인가. 좋은 친구 만나게 되면 공부를 더 잘해 보자고 서로에게 용기를 줄 수도 있고, 학생다운 아기자기한 추억들도 많이 만들며 키워갈 수도 있지 않은가. 기억할 만한 추억을 갖지 못한 난 부럽기도 했다.

서너 명의 여자 친구가 있는가 보다. 학습 활동으로 함께 다니는 아이와 반은 다르지만 친구를 통해 편지로 친구하자는 아이, 전화로 만나자고 하는 아이 등이다. 아들이 주관이 없는 것인지 쑥스러워 하는 것인지, 공통점은 여자 친구들이 일방적으로 만나자고 한다는 점이다. 친구들이 많다는 것은 그만큼 성격이 원만하다는 것도 되겠지만, 행여 성적에 관심이 떨어지는 게 아닐까 하는 걱정도 들었다.

아들에게 누가 마음에 있니 하고 넌지시 물어 보았다. 그러자 편지를 주고받는 아이라고 한다. 표현만 하지 않았을 뿐 나름대로 생각은 하고 있었던 것이다. 편지를 읽어보니 많은 고민을 한 흔적이 엿보였고, 자존심도 있는 아이였다. 혼자만이 좋아하는 것이 아닌가 하고 망설였고, 다른 사람에겐 보여주지 말라는 당부와 함께 용기 내어 편지 보내니 솔직한 생각을 듣고 싶단다. 어린 시절 추억할 수 있는 많은 친구가 있는 것도 좋겠지만, 추억할 수 있는 한 사람의 진정한 친구가 있는 것도 얼마나 좋은 일인가. 아직은 편애하기보다는 많은 친구들과 사이좋게 지내며 모나지 않는 아이로 자라주었으면 하는 바람이 더 크다.

아들은 답장을 했고, 그 이후로 편지로 대화하던 친구는 전화로도 시작했다. 저녁이면 친구들 전화가 빗발친다. 여자아이들이 성숙한 탓일까. 먼저 전화해서 만나자고 한다. 맛 나는 것도 먹고 선물도 사주고 신바람이 났다. 아들 얼굴엔 생기가 돈다. 스티커 사진을 찍었다며 친구의 얼굴도 보여준다. 좋은 현상이다. 친구를 만나서 즐거웠던 것처럼 공부도 즐겁게 할 수만 있다면 금상첨화일 텐데.

하루는 제 엄마한테 고민을 털어놓았다고 한다. 생일잔치에 초대받고 초대하다 보니 자연히 생일 날짜를 알게 되었고, 12월 달 생일이라는 것을 알게 된 친구들이 놀림을 주었나 보다. 왜 자기는 12월 달에 태어나서 친구들에게 동생 취급을 받게 하느냐는 것이다. 생일이 늦는다고 아우하고는 못 놀겠다고 왕따를 놓았다는 것이다. 다른 일도 아니고 출생일 가지고 그랬으니 아이의 마음이 많이 상했는가 보다.

두고 볼 일이다. 아들이 처음으로 생각하고 판단해서 경험해야 하는 시기가 온 것이다. 일생에 있어 한순간에 불가하지만 모든 일에 있어 아들에게 고기를 잡아 주기보다는 스스로 잡도록 기회를 부여하고 싶다.

얼마 후 아들의 표정이 밝기에 왕따 이야기를 물었더니 언제 그런 일이 있었냐는 듯 반문을 한다. 시간이 가면 마음의 상처가 아무는 것을 괜하게 걱정했나 싶었다. 믿음을 가졌음에도 왕따라는 말이 거슬려 은근히 걱정되었던 나로서는 아들의 답변에 마음이 한결 가벼워졌다.

일 년이 지나고 졸업식 날이었다. 교실에서 행사가 모두 끝나고 밖으로 나왔다. 교정에서 기념사진을 찍기 위해 아들을 불러 세웠으나 자꾸 뒷걸음질 친다. 평소 사진 찍기를 좋아했기에 거부하는 것이 의아스러웠다. 재차 기념으로 몇 장만 찍자고 하여 힘겨운 실랑이 끝에 사진을 찍었다. 그때만 해도 제 형이 졸업식에 나오질 않아 서운한 줄로만 알았다.

교문을 나서자 뒤에서 여학생들의 재잘거리는 소리가 꼬리를 물고 따라다녔다. 졸업식 날이니 그러려니 했다. 아들은 무엇을 보았는지 종전보다도 더 움츠리는 모습이었다. 이윽고 뒤에서 참새소리는 히쭉히쭉 웃음으로 변했다. 그 소리에 아내가 뒤를 돌아보더니 이름을 부르며 반기었다. 순간 난 낯설지 않은 그 이름이 아들의 여자 친구임을 알 수 있었다. "ㅇ ㅈ ㅎ" 돌아보니 내 앞에 서 있다. 예전에 스티커 사진에서 보았던 그 아이다. 그때서야 사진 찍기를 극구 사양했던 이유를 이해할 수 있었다.

그는 구리 빛 동글동글한 얼굴에 초등학생치고는 세련된 외모의 준수한 인상이었다. 수줍어하기는 마찬가지였다. 졸업식이 끝나고 우연히 내 아들을 본 동행한 여자아이는 그를 앞세워 줄곧 뒤따라왔다는 것이다. 중이 제 머리 못 깎듯이 바람잡이를 한 셈이다. 사내 녀석 답지 않게 수줍어하는 것을 그저 바라만 볼 수 없어 기념사진 찍기를 권유했다. 평소 여자아이들 앞에서 명랑했던 아들이 소심한 것을 보면 아마도 제가 좋아하는 여자 친구라는 점 때문이 아니었을까.

힘겹게 두 볼에 홍조 띤 모습으로 몇 방을 찍고 나니 계면쩍은 듯 웃으며 돌아선다. 뒷모습을 보면서 때 묻지 않은 순수함이 묻어나는 것 같아 흐뭇한 마음이 들었다. 이 순간이 훗날 저 아이들에겐 풋풋한 추억으로 기억되지 않을까. 돌아오는 길에 아들에게 여친의 근황을 묻자 자세하게도 알고 있었다. 그동안 메일을 주고받으며 지내왔다는 것이다. 상급학교도 운동장 울타리를 경계로 붙어 있는 옆이라고 한다.

아들을 본다. 그 시절 내겐 공부도 친구도 기억할 만한 추억이 없다. 그땐 정말 그랬었다. 이제 아들이 그 아름다운 추억을 하나씩 키워가고 있다. 그 모습을 상상만 해도 가슴이 벅차니 이런 것이 대리만족이라고 하는 것인가. 좋은 추억을 만들어가고 있는 것 같아 몹시 흐뭇한 일이 아닐 수 없다.

부디 학창시절 가슴에 새길 만한 소중한 여자 친구와의 추억이 아름답게 꽃피웠으면 좋겠다. 먼 훗날, 'TV는 사랑을 싣고'는 아니어도, 있었노라. 만나고 싶었노라. 다시 만나는 날 그 시절 그때를 반추하며 당당하게 내가 좋아했었던 여자 친구였노라고…. 【2012.08】

아들아, 아들아

(1)

고등학교 1년 기말고사를 치른 아들이 아버지 연봉이 얼마나 돼요 하고 제법 무게 있는 질문을 던진다. 글쎄, 그게 말이다 하고 말을 흐리며 대답을 하지 못한 채 잠시 망설였다. 아직 연말정산서가 나오지도 않았지만 대충 말할 수도 없었다. 순간 녀석의 진의가 무엇일까. 어떻게 답해야 할까. 그 질문이 내겐 예사롭지 않게 들렸기 때문이다. 어떤 대답을 원하는 것일까.

재촉하는 녀석의 물음에 입을 다문 채 얼마 전에 있었던 기억이 떠올랐다. 학원을 모르던 녀석이 학년이 올라가면서 학원에 등록 의사를 내비쳤다. 단과반만 등록하고 학년을 보냈다. 과외학습을 보충했으면 하고 원했지만 들어주질 못했다. 중학교를 졸업하고 상급학교에 들어갔다.

어느 날 모르는 문제를 친구에게 물었더니 학원에서 배웠다며 부러워한다. 종합반이나 과외를 원하고 있는 녀석의 마음을 헤아리면서도 내 능력의 부족으로 등록시켜 주지 못해 가슴이 시렸다. 보이는 싹을 자르는 것은 아닌지, 밀어주지 못하는 것이 원망스러웠다.

나는 올바른 아버지인가. 제 아버지가 대기업에 근무하니 기대를 가지고 던진 말이었을 텐데 답을 주지 못해 실망스러웠을 것이다.

2학년이 된 녀석은 가정의 재무능력을 파악한 듯, 취약한 과목에 끙끙대면서도 학원이나 과외를 시켜달라고 하지 않았다. 돈 많이 버는 직업이 뭐냐고 현실적인 질문을 한다.

"……."

또 한 번 가슴이 내려앉는다. 녀석의 마음엔 상처가 자리한 것일까. 남들처럼 등록해 주는 부모가 부러웠는지도 모를 일이다. 녀석의 마음을 혼란하게 할 수 없었다. 학습에 신경 쓰도록 가정의 형편이나 경제사정은 가슴에 담아야만 했다. 자신의 적성이나 능력은 돌아보지 않고 돈 많이 버는 직업이 무엇이냐고 묻기까지 얼마나 많은 고민을 했을까. 무능한 제 아버지를 탓하는 것은 괜찮지만, 행여 학업에 전념해야 할 시기에 마음에 깊은 상처로 남지 않을까 걱정이다.

목말라 하는 녀석을 그냥 보고만 있었던 것은 아닌지. 소리 없는 음성이 귓가에 들리는 것만 같아 견딜 수가 없었다. 며칠 후 과외 등록을 하고 나니 녀석의 얼굴엔 화색이 돈다. 늦은 감이 있지만, 녀석의 가슴에 담아두었던 상심(傷心)을 조금이나마 덜어버렸으면 하는 마음이다. 좋아하는 것을 들어주지 못하다니 나는 정말 부족하고 바르지 못한 아버지가 분명했다.

녀석의 질문에 당당하게 답변할 수 있는 날은 언제일까. 물론 아직 복직하지 못한 직원들을 생각하면 즐거운 비명이겠지만, 회사 경기가 회복되지 않은 현 상황에서 가정경제도 좋아질 리 없다. 혼자 벌어서 머리가 커진 녀석들의 과외비 지출은 가계에 부담되는 게 사실이었다. 파란 싹이 가슴에 멍이 들고 시들지 않도록 지속적인 관심과 사랑을 보내리라.

회사가 빠른 회복을 보이고 있다. 신차가 생산되어 잡념 없이 활기차게 일에 몰두할 수 있는 예전의 날을 맞아 열심히 일하는 당당한 아버지의 모습으로 다시 서고 싶다. 【2005.03.16.】

(2)

입영하는 날, 초겨울의 찬바람은 매섭게 몰아쳤고, 국가의 부름을 받은 큰 녀석과 집결지인 보충대로 발길을 옮겼다. 연병장엔 입영의 열기로 가득했다. 친구들이 배웅해 준 덕에 웃음을 잃지 않았던 큰 녀석이다. 헤어져야 하는 슬픔을 애써 내색하지 않는 녀석과 참았던 눈물을 터뜨리고 마는 아내의 등을 두드리며 연병장에서 아쉬움을 뒤로 한 채 돌아섰다.

짧은 시간이었지만 입영전야에 있었던 일들이 스쳐갔다. ROTC 합격하고도 병으로 가야하는, 녀석은 정신적으로 매우 혼란스러웠을 것이다. 한 달이 지나자 훈련을 마치고 자대배치를 받았다. 첫 면회를 가는 길에 많은 생각이 교차했다. 아무리 군대가 좋아졌다고 하지만 요즘 젊은이들한테는 그래도 힘들다고 하지 않던가. 남자들 세상에서 처음 겪게 되는 군대생활, 어떤 모습으로 변했을까. 모범생의 모습은 사라지고 구릿빛 얼굴에 씩씩한 모습으로 내 앞에 나설 것 같은 기대로 충만했다.

군기는 어디에도 없고 웃으면서 나타났다. 허무하게 무너졌다. 그래도 그것이 전부는 아니겠지. 성격 탓이려니 생각했다. 하지만 밖에서 소문처럼 떠돌던 말들이 사실이었다. 정문을 지키는 위병과 순환버스 운전병의 말에서 입증됐다. 이등병인 큰 녀석한테 아저씨라니, 중대가 다르면 다 아저씨라 부른다니, 놀랄 일이다.

군인은 군인다워야 한다. 수십 년이 지난 지금의 내 기억 속에 군

생활의 잣대로 판단하는 것도 옳은 일은 아니지만, 너무나 달라진 병영생활이었다. 카오스 속에 코스모스라고 했다. 미군은 무질서한 혼돈과 자유로운 행동 속에서도 상관에게 대하는 정신자세나 마음 가짐은 군인답고 바르다고 한다. 외모는 군인인데 내면은 사회인인 것보다는 외모나 내실에 있어 투철한 군인정신이 아쉽게 느껴졌다.

'신고합니다.'는 아니어도 거수경례는 반듯하게 할 줄 아는 듬직한 아들의 모습을 기대했는데 그것도 빗나가고 말았다. 훈련 마치고 군 생활 잘 적응하면 그만이지 인사가 대수로운 것은 아니지 하면서도 아쉬움이 남는다. 검게 그을린 얼굴과 야윈 것 같은 녀석을 가슴으로 껴안으니 마음이 짠해졌다.

아들아, 아들아, 군 생활은 이제부터였다. 큰 녀석이 모든 일에 강단과 우승 욕이 있어 잘해내리라 믿는다. 연년생인 작은 녀석도 전공을 살려 특기병으로 형을 따라 입대했다. 각자 훈련소는 달랐고, 걱정은 되지 않았다. 신세대 병영문화가 새롭게 탈바꿈했고 아이들을 믿었기 때문이다.

인터넷 카페를 통해서 훈련소 생활이 공개되었다. 두 녀석이 훈련소 생활을 무사히 마칠 수 있도록 카페에 들어가 매일 일기를 적었다. 훈련소 시절 한 통의 편지가 얼마나 간절한가를 너무나 잘 알고 있었기 때문이다. 보잘 것 없는 아버지의 지속적인 카페 일기로 부대장의 칭찬을 받고 사기가 충천했다고 한다.

혈기왕성한 군인들에게 힘들거나 괴로울 때 사고의 중심에는 감초처럼 등장한 여자가 있었다. 예전만해도 병사들이 여자문제로 탈영하는 것은 흔한 일이었다. 고된 훈련과 강도 높은 군기로 갇혀 지내야만 하는 환경에서 여친의 변심은 큰 충격일 수밖에 없다. 다행히 녀석은 여친이 없는 상태에서 군 생활은 크게 걱정할 일이 아니었다.

예전보다 짧은 군 생활 기간이라 하지만 두 녀석의 빈자리는 정말로 긴 나날들이었다. 무사히 훈련을 마치고, 자대에서도 학교생활의 연장으로 전공학과 특기병으로 근무하다 전역했다. 예전의 군 생활 잣대로 아들에게 바랐던 것은 나의 욕심에 불과했다. 이렇게 탈 없이 국방의 의무를 마쳤으니 더 멋지고 행복하니 바랄 것이 없다.

면회를 가거나 휴가를 오면 늘 변한 것이 없어 무늬만 군인인가 싶었다. 그 심정을 헤아리기라도 한 듯 제대하는 날엔 연락도 없이 아파트 현관에서 제대 신고식을 했다. "신고합니다. 예비역 병장 000은 ~ 제대를 명받아 이에 신고합니다." 아들의 군기 든 육성이 지금도 귓전을 맴돈다. 【2013.01】

어버이 날

오월 어느 날 저녁, 작은 녀석이 공연 보러 가면 함께 근사한 곳에서 저녁 맛있게 들고 오라며 봉투를 내밀었다. 예전에 없는 일이고, 기특해서 받아 들고 생각하니, 며칠 전 큰 녀석이 공연 예매했으니 다녀오라고 한 말이 떠올랐다. 평소 곁에 있어도 살가운 면은 없지만 이따금씩 굵직한 펀치를 날려 속정을 느끼게 하는 든든한 녀석들이다.

덕분에 뮤지컬 공연을 보곤 한다. 고가의 티켓을 예매하기가 쉽지 않다는 것을 잘 알고 가끔씩 챙겨주니 대견하고 고마운 일이다. 자주 접하지 못하는 공연이다 보니 뮤지컬을 관람하는 자세나 안목, 식견 등 내공이 부족하다. 공연을 보면서도 익숙지 않아 적응하려 집중한다.

예전 같으면 뮤지컬 공연 관람은 생각도 못한 일이다. 일부 부유층이나 학식 있는 사람들이 볼 수 있는 문화생활로 치부했었기 때문이다. 요즘은 TV 음악 프로그램에서도 뮤지컬 가수들이 자주 출연해 거리감을 좁혔고, 일반인에게도 친근한 모습으로 대중화되었다. 노래와 춤으로 연기하는 뮤지컬 배우들의 피와 땀으로 이뤄진 결실이라 충분한 가치가 있는 공연임은 분명하다. 하지만 서민들에게 비용은 만만찮은 게 사실이다.

"오리지널 소울에 압도당하다"가 타이틀 인 드림 걸즈의 최초 내한 공연이다. 에피 화이트 역에 브리 잭슨과 브릿 웨스트가 더블 캐스팅되었는데, 브리 잭슨 캐스팅으로 봤다. 노래로 듣는 브리 잭슨의 울림통은 가수 BMK를 연상할 만큼 풍성했다. 재능과 열정을 가진 세 여성 트리오가 성공의 카드를 쥔 야심찬 매니저를 만나 겪는 성공과 좌절을 수많은 명곡에 담아 펼쳐 보이는 최고의 쇼였다.

줄거리가 있는 연기로 자막을 빌어서 이해하며 보았지만, 감정 선이 조금은 어색한 느낌도 지울 수 없었다. 노래와 연기 춤으로 보고 듣는 즐거움을 한순간에 만끽할 수 있는 기회였고, 흑인으로 구성된 소울, 그루브 또한 내 눈과 귀를 사로잡은 공연으로 오래도록 여운이 남을 것이다.

좌석, 좌우 앞뒤 간격이 좁아 불편했던 것은 옥에 티였다. 운이 없게도 옆자리에 앉은 관객은 자가용 시트마냥 양다리를 벌려 엉덩이를 빼고 앉아 무릎이 내 자리까지 침범해 몹시 불쾌했다. 자리가 좁아서 그렇겠지 이해하면서도 1부 내내 변함이 없자 집중력도 떨어지고 거슬리기도 했다. 주어진 환경에 맞게 대처해야 하는데 매너 없는 관객과 함께 했다는 것이 아쉽다. 마침 빈자리가 있어 2부 공연엔 자리를 옮겨 보긴 했지만 마음은 씁쓸하다.

오월은 가정의 달이라고 한다. 달력을 들여다본다. 근로자의 날부터 스승의 날까지 쉬는 날이 많다. 오월의 달력은 장미꽃처럼 온통 물결친다. 어버이날을 맞아 공연장엔 자녀들이 부모님들을 모시고 와 훈훈한 가족애가 넘쳐났다. 기특하고 대견스러운 일이다. 함께 온 가족들이 은근히 부럽기도 했지만 구경한 것만으로도 만족한다.

백화점에 들러 허기진 배도 채우고 아이쇼핑도 할 요량으로 발길을 옮긴다. 이곳저곳을 돌아다니다 식품매장 앞을 지나갈 때였다. 노신사 한 분이 사람들이 붐비는 틈을 타 진열대에 놓인 빵 한 봉지를 슬쩍 손에 쥐고 태연스럽게 양복 호주머니에 집어넣고는 행인들 속으로 사라졌다.

눈에 띄지나 말 것을, 마치 못 볼 것을 본 것처럼 머리가 어지러웠다. 목격하고도 방관한 내 태도에 자유롭지 못했다. 지워 버리고, 잊으려 해도 사라지지 않는다. 말끔하게 차려 입은 분인데 도벽이 있는 것일까. 빵 한 조각 살 수 없는 형편이라고 하기엔 너무나 단정했다. 그렇게 간절했을까. 어떤 이유로도 안타깝고 애처로운 일이다. 그것도 어버이날에 말이다. 많은 생각을 하게 하는 순간이었다.

든든하게 요기를 하고 아이쇼핑을 하는데 이번에는 젊은 여인이 쭈쭈 바를 빨며 먹거리 매장을 기웃거렸다. 반은 실성한 듯 남루한 행색이다. 얼마나 배가 고플까. 말은 못하고 그저 웃었을 뿐인데, 재수 없다고 내몰며, 손사래를 쳐도 아랑곳 않고 웃으며 머뭇거린다. 내몰리는 여인에게 용기가 없어 밥값이라도 쥐어주지 못한 것이 눈에 밟혔다.

노신사와 젊은 여인의 행동은 사람 사는 곳이라면 목격할 수 있는 광경이다. 어버이날에 즐거움을 만끽하고 있는 나와는 달리 하루를 힘겹게 살아갈 수밖에 없는 두 사람의 현실로 받아들이니 몹시 안타까웠다. 순간 이 시간마저도 허영에 물든 정신적인 사치스러움을 즐기고 있는 것은 아닐까 돌아본다. 두 사람에게 당당하게 손을 내밀지 못했던 것이 내 머리를 더욱 혼란스럽게 만들었다. 모처럼 즐거운 나들이를 했지만 백화점에서 목격했던 일로 마음 한구석엔 안쓰러운 면이 앙금처럼 남아있다.

돌아오는 길, 세상은 벌써 좋아졌는데 그동안 우물 안 개구리처럼 도시 속에 갇혀 지낸 세월만 같다. 덕분에 문화생활도 즐길 수 있다니 녀석들에게 고맙고 흐뭇했다. 생각지도 않았는데 말 한마디와 준비한 선물을 건네받으니 키운 보람도 느껴지고 시름이 사라졌다. 두 녀석이 든든해 보였다.

돌아보면 부끄럽다. 카네이션 한 송이와 마음이 전부였던 시절, 지금에 비하면 너무 초라했다. 연로한 부모님에겐 어버이날이라고 평일과 다를 게 없었다. 흙밖에 모르고 평생을 살아왔는데 보란 듯이 서울 구경 한 번 시켜 드리지 못했으니 죄스러울 뿐이다. 수족이 불편해서야 깨달았으니 너무 늦었고, 생각할수록 가슴 아픈 일이다.

가장으로서 베풀기보다는 받고 지내온 일이 더 많았던 것 같아 어깨가 무겁다. 어머니는 살아계신 것만으로 마음의 평온을 갖게 해주고, 머리가 커진 녀석들은 제 부모를 챙기려는 마음의 속정을 느낄 수 있게 해주니 말이다. 투박한 말 한마디라도 표현을 해주니 더 바랄 것이 없다. 보잘 것 없는 내 곁에서 세상살이까지 멘토 역할을 해주는 아내가 있어 사랑스럽다.

어버이날에 부모님이 가장 받고 싶어 하는 선물은 현금이라고 한다. 필요한 것을 사겠다는 의미이다. 물론 용돈도 필요하다. 하지만 부모 자식 간의 사랑은 내리 사랑이라고, 나이와 상관없이 항상 걱정거리가 늘어만 간다. 바쁜 일상 중에도 부모님을 기억하고 안부 전화를 하거나 찾아뵙는 게 최고의 선물이 아닐까 싶다. 살아가면서 받은 사랑을 다시 돌려드리는 것이 자식의 도리이기 때문이다.

홀어머니와 함께 살다보니 녀석들은 엄마 아빠가 할머니에게 대하는 말과 행동을 어려서부터 보고 자랐기 때문에 인성적인 교육은 자연스럽게 학습되는 것 같다. 조석으로 문안 인사드리는 것이 전부였지만 녀석들에겐 어느 교육보다도 중요했고 착하게 말썽 없이 자랐다.

시간이 흘러도 어머니의 걱정거리는 사라지지 않는다. 볼일로 늦어도 걱정이고, 아이들이 보이지 않아도 찾곤 했다. 몸도 불편하고 며느리도 있으니 이젠 집안일 걱정은 내려놓았으면 좋으련만 쉽지 않은 모양이다. 어머니로서 관심은 자연스러운 일이지만, 때론 걱정이 앞섰다. 어머니가 하고 싶은 대로 적당하게 신경 쓰고 움직이는 것도 건강에 도움이 되리라 본다.

내게 어버이날은 특별히 의미 있는 날이 아니다. 홀어머니를 모시고 있지만 늘 대할 수 있어 좋다. 연로해 병들고 거동이 쉽지 않아도 마주할 수 있어 마음은 평온했다. 못다 한 선친에 대한 효도까지 다 하며 편하게 모시리라 생각하며 살았지만, 늘 쉽지 않다. 일 년 365일 함께 있는 동안 얼굴 마주보며, 걱정 덜며 지낼 수 있게 해 드리는 게 내가 바라는 어버이날이다. 【2017.05.14.】

왕구슬

어릴 때 민호라는 친구가 있었다. 우린 한 마을 아래윗집에서 한 해에 태어났다. 그래서 더욱 허물없는 단짝 친구였다. 종종 마을 뒷동산에 오르곤 했다. 넓은 들판과 우뚝 솟은 산들, 마을 전경이 한눈에 들어오는 그곳에서 우리의 조그마한 가슴에 꿈과 희망을 키우곤 했다.

어느 날, 진달래 개나리가 핀 오솔길을 마구 뛰었다. 누가 이기는가 하는 시합이었다. 앞서거니 뒤서거니 서로가 뒤지지 않으려고 젖먹던 힘까지 다해 힘껏 뛰었다. 그런데 순간 무언가 발에 걸린 듯싶더니 난 진흙 구덩이에 나동그라지고 말았다. 재빨리 일어나 아픔을 숨긴 채 다시 뛰었다. 그러나 친구는 어느새 목적지까지 뛰어가 손을 번쩍 들어 만세를 부르고 있었다.

난 친구에게 진 분통을 참을 수가 없었다. 동산을 내려와 길바닥에 버려진 나무뿌리를 힘껏 걷어차며 심술을 부려 보았지만 분이 풀리지 않았다. 그 날은 잠도 제대로 잘 수 없었다. 언젠가 원수를 단단히 갚으리라 다짐했다. 우린 그렇게 선의의 경쟁자였다. 특히 집안 자랑에는 더 열을 올렸다. 말씨름을 할 때면 친구는 늘 '우리 엄마는….' 하며 시작했고, 아버지 형 누나 등등을 다 갖다 붙어가며 으스댔다. 더러는 '우리 엄만 나 없으면 못 사실 거야. 우리 엄만 내가 제일 예쁘대.' 하는 자랑으로 나를 누르려 했고, 나는 우리 엄마가 날 더 아껴 줄 것이라 우겨대곤 했다. 그러나 형이 없는 나는 형의 이야기만 나오면 쑥 들어가고 말았다.

어느 날 친구와 함께 길을 가는데 왕 구슬이 땅에 떨어져 있었다. 너무 크고 예쁜 왕 구슬이었다. 내가 주우려고 가까이 다가서자 친구가 먼저 주웠다. 왕 구슬 속을 들여다보니 바다 속의 풍경과도 같이 화려하고 멋져 보였다. 왕 구슬이 탐났다. 내가 먼저 보았으니 달라고 했지만, 친구는 먼저 줍는 것이 임자라며 주머니 속으로 감추어 버렸다.

심술이 났던 나는 친구에게 가장 약을 올려줄 수 있는 말을 생각해 보다가 "흥, 그래, 가져라. 구슬만 있으면 다냐? 너희 엄마 진짜 엄마 아니래. 동네 사람들이 그러는데 너희 진짜 엄마는 다른 사람하고 도망가고, 너네 친아빠는 돌아가셨대." 하며 놀려주었다. 내 말을 듣자 친구는 멍하니 나를 바라보더니 손에 쥐고 있던 왕 구슬을 힘없이 떨어뜨렸다. 난 모처럼 통쾌함을 느끼며 구슬을 집어 들고 집으로 돌아왔다.

난 친구에게 늘 지기만 했었다. 처음으로 속이 시원했는데, 어찌된 일인지 그 이후로 친구를 만날 수가 없었다. 담장 너머로 불러봐도 대답이 없고, 우리들이 뛰어 놀던 자리에 가 봐도 친구는 보이질 않았다. 소가 사납게 뛰는 것을 보면서 친구에게 진 경주를 생각했다. 경주에 진 분풀이로 친구가 들으면 안 될 이야기를 했고, 때문에 친구 사이가 멀어졌다고 생각하니 안타까웠다. 나쁜 방법으로 왕 구슬을 손에 쥔 것이 부끄러웠다. 예전같이 다정하게 지낼 수만 있다면 왕 구슬을 돌려주리라 마음을 먹었다.

친구와 헤어진 지 한 달쯤 후였다. 어른들이 흘리는 말을 듣게 되었는데 친구의 새엄마도 다른 남자와 눈이 맞아 야반도주를 했다는 것이다. 친구가 불쌍하다는 생각을 하며 주머니 속의 구슬을 꺼내어 보았다. 그리고 왕 구슬을 돌려주며 화해도 하고 친구를 위로해 줄 양으로 그의 집으로 향했다. 내가 그의 집 대문 앞에 들어서자 안에서 울음소리가 들렸다. 친구가 죽었다는 것이다. 나는 가슴속으로부터 솟아나는 뜨거운 눈물을 닦았다.

친구에겐 왜 그렇게 모진 일이 많았을까. 게다가 내 철없는 말 한마디는 친구의 마음속에 깊게 멍들어 있던 상처를 건드렸고, 결국은 주변 사람들 모두가 친구를 죽게 하고 만 것이다. 평생 잊을 수 없는 죄를 지은 것 같았다. 그땐 정말 그랬었다.

어린 날의 실수와 장난 끼를 거울삼아 오늘을 살면서 혹시라도 그때처럼 남의 가슴에 못이 되는 말을 하게 되지나 않을까 늘 염려하며 산다. 지금도 먼저 간 친구의 서글픈 음성이 귓전을 맴돌곤 한다. 【제물포수필.1998】

입영

요즘은 군 입대가 대학 들어가기만큼이나 경쟁이 치열하다고 한다. 예전만 해도 지원하면 입대할 수 있었지만 요즘은 사정이 많이 달라진 것이다. 아이엠에프가 시작되면서 또 하나의 관문으로 등장한 것이다. 일시적이긴 하지만 그동안 군 입대 연기를 해가며 대학을 다니던 학생들이 취업의 어려움으로 휴학을 하고 군으로 대거 몰리고 있기 때문이다.

얼마 전 조카도 입대한다고 다녀갔다. 세월이 빠름을 실감한다. 마냥 어린 줄만 알았던 조카들이 어느새 장성해 하나둘 군대를 간다고 찾아오고, 시집을 간다고 청첩장이 날아든다. 그러고 보니 잊고 살아온 내 나이도 벌써 반백이 지났다.

인사 온 조카를 보니 삼십여 년 전이 떠오른다. 마을을 돌며 어른들을 찾아뵙고 일일이 인사를 올렸다. 먼 길 가는데 쌈짓돈을 풀어 보태 쓰라고 차비를 찔러 주는 분도 있었고, 고생길을 떠난다며 맛나는 음식을 먹고 가라고 정성껏 준비해 주기도 했다. 그때만 해도 지원 입대를 반대했던 어머니였다. 그러나 입대를 굽히지 않자 속으로 삭이셨던 것이다.

입영을 한다는 자식을 위해 오일장에 나가서 돼지고기 한 근을 사서 국을 끓여 주었고, 계란이며 김밥 등을 보자기에 정성스레 싸주셨다. 외아들이라는 점과 오지 마을에 대남 방송이 끊이질 않았고, 남북이 대치상황에서 항상 긴장을 풀 수 없는 시기였기 때문에 어머니의 반대는 더했는지도 모른다.

그 시절 입대를 한다고 하면 대남 방송의 긴장감만큼이나 마음이 두근거렸고, 마치 투사가 된 것처럼 자랑스럽기도 했다. 비록 오지에서 문화혜택을 받지 못하고 살아온 민초의 삶이었지만, 그 속에서도 푸근하고 인정 어린 마음들을 가슴에 듬뿍 품고 떳떳하게 사나이 길을 갈 수 있었다. 그것은 자란 지리적 환경이 내 생각을 바꾸게 하였고, 독자라는 가정환경이 내 정신적 성장에 결정적 역할을 했다고 본다.

텔레비전에서 방영한 프로그램을 본 기억이 난다. 요즘 신병들은 예전보다 체구는 커졌지만, 정신적인 무장이나 체력은 상대적으로 약하다고 한다. 기초체력 군사훈련을 받다보면 건장한 체격에 걸맞지 않게 체력은 걱정할 수준이라고 하니 말이다. 일회성 식품을 선호하는 젊은이들이 활동적인 놀이 문화보다는 정적인 문화를 많이 접하면서 더욱 심각하다고 한다. 국방을 책임져야 할 젊은이의 체력이 허약하면 국방도 약해지는 것이다. 전역한 아들을 둔 부모로서 통감하며 정신적, 체력적으로 나약하지 않은 젊은 남아로 지도함이 도리이리라.

병역에 대한 젊은이들의 사고방식도 변하고 있는 것 같다. 군에 갔다 와야 사람이 된다는 예전의 논리보다는 이 년간의 세월을 사회에 투자해 능력을 인정받겠다는 젊은이가 늘어나고 있다. 병역을 기피하려는 젊은이가 늘어난다는 점이다. 누구를 위한 국방의 의무이고, 누구를 위한 삶인지 넓은 의미의 차원에서 오늘보다는 내일의 나를 바라보는 안목이 필요하지 않을까 싶다.

그렇다고 꼭 군에 가야 한다는 말은 아니다. 신성한 국방의 의무를 성실히 수행한 사회인과 또는 묵묵히 근무하고 있는 젊은이가 더 많기에 행여나 그들에게 오점을 남기지는 말자라는 것이다. 스스로 나라를 지키겠다고 지원하는 사람이 얼마나 될까. 의무로서보다 빨리 사회에 진출을 위해선 사나이로서의 통과의례로 생각하고 선택했을 것이다.

그러나 정당하지 못한 방법으로 입영을 기피하는 젊은이들을 접하면서 속이 쓰렸다. 우리 사회에 만연한 병폐 중의 하나인 병역비리, 마치 신체의 일부가 병균으로 곪아터져 살점을 도려내야 하는 아픔을 겪고 있는 것 같아 심히 통탄스러웠다. 신체적 불구나 부적격자로 군에 가고 싶어도 갈 수 없는 젊은이들을 생각해 본다. 병역을 기피하는 건강한 육신에 썩은 정신보다는 신체는 불구이지만 그 정신만은 얼마나 건강하고 젊은가.

한때 고위층 자녀들의 병역비리로 매스컴이 시끄러웠다. 권력과 부를 상징하는 사람들이 대의적인 명분에 힘쓰고 존경을 받아야 할 텐데 자식들의 앞날을 그르치고 있으니 한심한 일이다. 그들이 병역을 기피하고 이 나라를 수호하는 한 사람의 통치자가 되었을 때 그는 누구에게 국방의 의무를 다하라고 말할 수 있을까. 국방은 가진 것 없고 힘없는 사람이 지키는 것이 아니라 정신적 신체적 이상이 없는 젊은이들이 지키는 것이다. 부러울 것 없는 사람들이 가난한 사람들보다 부족한 게 뭐 있을까. 내 자식만 편안하면 된다는 안이한 생각으로 정치인들 옳게 할 수 있을지 의문이다.

입영 인사 풍습은 어떨까. 점점 변해가고 있는 것 같다. 직접 찾아다니며 인사를 하기보다는 한날한시에 입대하는 사람의 집에서 송별식으로 대신하는 경우가 종종 있다. 어느 것이 좋고, 나쁘다고 할 수는 없지만 세태에 따라 시간과 경비를 줄이게 되고 편리함을 따르게 되니 순리라고 보아주자. 그렇다고 예전의 정이 사라진 것은 아니다. 방법만 바뀌었을 뿐 걱정을 하게 되고 여비를 챙겨주는 우리의 미덕은 살아있기 때문이다.

사회적, 시대적으로 변하는 것이 흐름이라 여겨 받아들여야 하지 않을까. 손 위 아래가 뒤바뀌어 어른이 찾아가 인사를 받는 경우도 생긴다. 이때 윤리적으로 잘못된 예의일까. 아니다. 때론 윗사람이 아랫사람을 위해 환송을 가는 경우도 있지 않는가. 진실이 왜곡된 윤리적인 법도를 어기는 것은 안타까운 일이 아닐 수 없다. 하지만 효과적인 시간활용과 상황에 따라 빚어지는 순수하고 정적인 면에서의 예의는 있을 수 있지 않을까 싶다.

사회적으로 인간의 생활 영역은 광범위해졌지만 첨단시대에 살다보니 활동 범위는 점점 좁아져만 간다. 직접 발로 뛰지 않아도 첨단장비와 우수한 두뇌만 있으면 무엇이든 실행 가능한 시대에 살고 있는 것이다. 자칫 첨단시대가 인간의 윤리적인 의식까지 해치지 않을까 싶다. 입영하는 사람의 집에서 송별식을 하는 것도 좋지만 경우에 따라선 입영 인사 다니기를 꺼려한다면 부모가 인사를 시켜야 하지 않을까. 떠나는 이의 담담함과 보내는 이의 훈훈한 정의 풍습이 오래도록 지속되기 위해서라도 말이다.

입영에 관한 사고방식은 예전과 많은 차이가 있다. 지원 입대자가 제 날짜에 갈 수 없다는 것은 일시적인 사회적 현상으로 볼 수 있다. 하지만 신체적 조건은 월등하지만 정신적인 무장이나 체력은 상대적으로 나약하다는 점이 가장 염려되는 부분이며 안타까운 일이다. 또한 무조건 갔다 와야 하는 것에서 어느 쪽이 실리가 있는가. 라는 저울질로 변했다. 현실적이고 미래를 바라보는 안목이 담겨있는 것 같아 얼마나 다행스런 일인가.

기억하고 싶지 않은 일도 있다. 온 국민의 지탄을 받아온 병역 비리는 우리 모두에게 뼈아픈 상처로 얼룩져 있다. 일부 권력과 부를 상징하는 사람들이 내 자식만은 하며 신성한 국방의 의무를 무시하는 처사도 있었다. 법대로 살아가는 대다수의 서민들에게 크나큰 실망을 안겨준 것이다. 그땐 정말 그랬었다.

얼마 전, 병역 비리에 칼자루를 휘둘렀던 박×× 원사가 오랜 도피생활을 마감하고 검찰에 붙잡혔다. 한때 권력을 상징으로 정계 인사들의 자녀들 병역 문제를 주물렀던 그가 초췌하고 파리한 모습으로 검거된 것이다. 죄를 짓고 쫓기는 신세에 숨어서 살아야만 하는 도망자의 생활이 얼마나 비극적인 것인가 극명하게 보여주었다. 자살을 할까 자수를 할까 고심했다는 그의 말처럼 한때 날고 기던 사람도 죄를 짓고는 못산다는 인생의 종말을 고했다.

그래도 변하지 않는 것이 있다. 입영 인사 풍습에서 느낄 수 있는 훈훈한 인간의 정이 아직도 숨 쉬고 있다는 것이다. 이 풍습만이라도 영원히 유지해야 한다. 그러기 위해선 일부 지도층의 진심 어린 반성과 자기 성찰이 있어야 하고, 이 시대를 살아가는 젊은이들의 건강하고 올바른 가치관이야말로 국방이 바로 설 수 있는 기둥이 되는 것이다. 【2012.11】

4부 · 시니어 프리패스

경주

마라톤을 시작한 지 일 년 육 개월이 지났을 때였다. 그동안 꾸준한 연습을 해왔다. 각종대회에도 출전해 노력한 만큼 운동효과도 있었고, 군살도 싹 빠졌다. 지나고 보니 중도에 포기하지 않고 운동을 유지할 수 있었던 것은 대회출전이 고리 역할을 하지 않았나 싶다. 무슨 일이든 좋아서 하게 되고, 즐겁게 운동을 해야 오래도록 지속될 수 있는 것 같다. 마라톤은 즐기며 해야 한다.

처음에 달려야겠다는 생각은 도전이었다. 해낼 수 있을까 하는 부담과 얼마 동안이나 할 수 있을까 하는 것이었다. 그때가 불혹을 넘긴 나이였기에 걷는 것도 아니고 달린다는 것이었기에 더욱 그랬다. 그러나 도전과 모험이라는 존재는 내 마음 깊은 곳에서 항상 꿈틀거리고 있었다. 내친김에 칼을 뽑아 들었다.

출퇴근길은 걸어서 다녔다. 카풀 친구에겐 미안했지만 잠시라고 생각했다. 왕복 6km가 넘는 거리였다. 내겐 짧은 거리였기에 저녁엔 공원길을 달렸다. 때론 새벽에도 달렸다. 주 5일을 그렇게 달렸다. 한 달이 채 지나지 않아서 무릎 부상으로 물리치료를 해야만 했다. 달리기에 대한 상식이 없었기 때문이었다. 그 후로 인터넷 검색을 통해 정보를 숙지했다. 근력강화부족이란 것을 알게 되었다.

달리기에도 순서가 필요했다. 충분한 걷기 운동으로 다리에 근력을 강화시킨 다음 천천히 달리다가 속도를 내어 달려야 했다. 두 달간의 병원 물리치료가 호된 달리기 신고식이라고 생각했다. 출근길이 아무리 늦어도 자전거나 자가용은 이용하지 않았다. 늦으면 달렸고, 그렇지 않으면 걸어 다녔다. 근력운동에 도움이 되었기 때문이다.

걷기 3개월이 지나자 본격적으로 단축마라톤 달리기를 시작했다. 일주일에 한 번씩 완주를 하고, 6개월이 지나자 주 2회 완주를 했다. 다행히 내가 거주하고 있는 곳엔 달리기에 좋은 환경이었다. 베란다 앞으론 부평공원이 있고, 그 뒤로는 언덕 훈련을 할 수 있는 부평공동묘지가, 아파트 뒤로는 크로스컨트리 훈련을 할 수 있는 선포산 코스가, 일요일엔 장수동 대공원과 시내도로를 달릴 수 있는 코스도 나름대로 만들어져 있었다.

신체는 살아있는 샘물이었다. 몇 km를 몇 분에 달렸는가, 만을 생각하며 달렸다. 때문에 연습에서 기록을 쫓고 싶은 생각이 마음속에 늘 자리 잡고 있어서 기록이 좋으면 그것으로 만족하고 안심하는 경향이 있었다. 그러나 잘못된 사고라는 것을 곧 깨달았다. 내 신체의 샘물이 영원토록 솟아나게 하려면 지치지 않고 오래 달릴 수 있어야 했다. 그러기 위해선 내 심장의 종지를 그릇으로 만들어야 했다. 마라톤이기 때문이다.

단발적인 운동보다는 내일의 효과를 기대하는 마음으로 운동을 했다. 훈련이라고 하는 것은 하나의 연결 고리로 이루어져 있다. 어제의 연습이 오늘로 이어지고 오늘의 연습이 내일로 이어져 쌓여진 연습량이 효과적인 결과로 열매를 맺기 마련이었다. 그렇게 얼마나 지났을까. 운동 후 자고 일어나도 개운했고, 흐느적거림 없이 많은 일을 하고도 피로를 느끼지 않았다. 아마 달리고 난 후로 심장과 폐가 튼튼해 진 것 같다.

달리기는 거짓이 없는 정직한 운동이다. 끊임없이 운동한 덕일까. 일 년이 지나자 부상 걱정은 접었고, 눈에 띄게 기록이 향상되었다. 이젠 완주보다는 기록에 눈을 돌리게 됐다. 주위에선 기록보다는 완주가 중요하다고 하지만 내겐 완주를 목표로 하는 시기는 지났다. 그렇다고 무리해서 기록위주로 운동을 하진 않았다. 다만 평상시 꾸준한 운동이 매번 대회 때마다 좋은 기록으로 나타났기 때문이다. 그 중에서도 근력강화 효과를 본 것은 걷기로 출퇴근한 것이었다.

연습은 덧셈이 아니라 곱셈인 것 같다. 효과적인 운동을 위해선 평소 운동복 차림으로 출퇴근길을 이용하는 것이었다. 경제적이고 근력강화운동으로선 최고였기 때문이다. 때론 자전거나 자가용을 이용해야만 할 때가 있었다. 그때마다 신체의 구조는 허락하지 않았다. 다리에 힘이 빠져나간 듯 자신감이 떨어지고 무겁기까지 했다. 곱셈이란 의미를 되새기며 서둘러 집을 나서면 스치는 모든 사물들이 나를 철학자로 만들기도 한다.

내 어린 시절을 돌아보면 빨리 달리기보다는 오래 달리기가 적성에 맞는가 보다. 나를 닮았는지 작은 아이의 이야기가 떠오른다. 선생님은 아이들에게 운동장 세 바퀴를 돌라고 했다. 한참 후에 내 아들이 맨 앞에서 달려오자 놀란 선생님은 정렬이가 일등이구나, 했단다. 쑥스러웠던 녀석은 한 바퀴 더 돌아야 되는데요, 했단다. 빨리 달리는 재주는 타고나지 못했는가 보다.

어느 날인가, 나를 보고 병원장은 중독이라 하고, 주위에선 미쳤다고 했다. 하지만 듣기는 좋았다. 내가 좋아하는 일에 한 번쯤 미쳤다고, 중독되었다고 할 만큼 열정을 가지고 해 본 일이 어디 있었는가. 술 중독도 아니고, 정신이상자도 아닌 이상 건강도 유지하고 정신세계도 맑게 할 수 있으니 더없이 기쁜 일이 아닌가.

마라톤은 일상을 정리해 보는 일기장이다. 정신적으로 대단히 분주한 일상 속을 벗어나 달릴 때는 팔 다리가 오가며 몸이 바쁘지만, 머릿속은 오히려 고요해진다. 혼자라는 외로움을 통해 영혼을 충만케 해 주는 것은 달리는 사람만이 가질 수 있는 특권이 아닐까. 또한 다리품을 팔면 원활한 혈액 순환과 혈관을 깨끗하게 하고 튼튼하게 유지해 주니 말이다.

운동은 시작이 중요하다. 조지 부시 전 미대통령은 일흔두 살에 낙하산을 타고, 백범 선생이 동학운동을 시작한 것은 열여덟이다. 나이가 몇 살이냐는 중요하지 않다. 뜻이 있다면 일흔이 넘어 대학생이 될 수 있고, 실력이 있으면 스무 살에 교수가 될 수 있다. 이렇듯 마라톤에도 나이는 숫자에 불과한 것이다. 누가 얼마만큼 운동을 열심히 하였는가를 결과로 보여주는 매우 정직한 메시지인 것이다.

마라톤과 삶의 의미는 무엇일까. 달리기가 외관상으로는 더없이 격렬한 육체 운동이지만 실제로는 사색을 할 수 있는 운동이 아닌가 싶다. 달리는 동안 힘겨울 때마다 삶의 의미를 되짚어 보곤 한다. 보스턴 마라톤 우승자인 버풋은 “마라톤은 신체를 정화시켜 줄 뿐 아니라 머릿속 생각을 명확하게 해 준다.”고 했다. 내가 한 시간 동안 달리기를 할 땐 영원한 신비 속으로 들어가고 있음을, 내가 모르는 자아를 찾아 나선다는 것을 깨닫곤 한다. 내면에서 들려오는 소리를 듣기 때문이다.

마라톤은 달리는 동안 흘러간 시간을 반추하고 내일을 설계하며 현실에서 발생되는 스트레스를 날려 버린다. 돈을 주고도 살 수 없는 건강을 얻을 수 있다는 것이다. 어느 누구를 막론하고 운동으로 다져진 건강은 아름다움 그 자체이다. 날이 갈수록 밝아지는 내 모습과 젊음, 생활의 활력은 그 무엇과도 바꿀 수 없는 것이다. 마라톤은 내가 살아가야 할 이유이다. 【2004.01.06.】

서예(書藝)

붓글씨를 잘 쓰는 사람을 만나거나 작품을 대할 때면 한없이 존경스럽고 매료된다. 얼마나 절차탁마(切磋琢磨) 했으면 멋지고 훌륭한 글이 탄생할까. 미스코리아, 보디빌더 선수보다도 더 아름답고 멋진 인품과 품격이 품어져 나오는 걸까. 한동안 발목이 묶인 채 작품 속에서 눈을 뗄 수가 없다.

전시회를 관람할 때면 미술 분야에서도 유독 서예 부문에 관심이 가곤 했다. 보통 감상을 하면 잘 썼다, 멋지다, 라는 것이 대부분이었는데 이제는 그렇지 않다. 써보고 싶다는 욕구가 충만했고, 악필이 아니니 잘 쓸 것 같은 즐거운 상상도 하곤 했다. 도전해 보고 싶다는 생각이 간절했다.

서예는 오래전부터 친구가 아니었을까. 접할수록 어렸을 때부터 함께 지내온 벗처럼 친근함이 들었고, 내 몸에 딱 맞는 듯 편했다. 내게도 잠재된 끼와 역량이 있는 것일까. 시간과 노력을 투자한다면 마음처럼 친구가 될 것 같은 생각이 든다. 때문에 붓과 화선지가 머리에서 떠나질 않았다.

어느 날 붓을 잡을 수 있는 기회가 주어졌다. 중식시간 사내 서화회에서 짬짬이 배우는 붓글씨 연습이 얼마나 도움이 될까 싶지만 내게는 고맙고 감사한 일이었다. 자투리 시간을 내어 서예를 한다는 것이 쉽지 않은 일이기에 더욱 소중한 시간이었고 열심히 익혀야겠다는 다짐을 했다.

일 년 반 동안 하루도 빠지지 않고 열심히 연습했다. 중식 한 시간 연습해야 반지 한 장만 써도 시간이 모자랐다. 출퇴근 시간 전후로 서화회 사무실을 이용하고 집에서도 꾸준히 기초연습을 했다. 할수록 빠져들었고 몸에 맞듯 늘 즐거웠다. 내게 이러한 열정이 있는 줄은 정말 몰랐다. 서예를 하는 동안은 연인과 데이트를 하는 것처럼 즐거웠다.

입문 3개월, 회원들이 기초연습 한참일 때 체본(體本)연습을 병행했고, 조심스럽게 공모전에 이름을 올렸다. 물론 어림없는 일이었고, 입상이 목표는 아니었다. 지도 선생님의 말처럼 공모전에 자주 도전해야 실력이 향상 된다기에 그 정신을 따른 것이다. 도전하기 위해선 많은 연습을 해야 한다는 역설적인 뜻을 헤아린 것이다.

공모전에 입상했다. 회원들이 놀랐고 나도 신기했다. 회원들은 축하를 보내면서도 '예전에 서예를 하지 않았느냐. 그렇지 않고서야 어떻게'라며 반문하듯 묻곤 했다. 초창기 멤버였지만 기초연습 몇 번 하고는 보직 이동으로 서화회와는 인연이 없었다. 이십오 년이 지나 다시 붓을 든 계기가 된 것이다.

입상 자체는 중요하지 않았다. 서예에 대한 소양(素養)이나 자질(資質)이 보이는지 가늠해 보고 싶었던 것이다. 노력한 만큼의 결과로 흡족했다. 중식 시간의 연습은 회원들과 대면으로 많이 부족했다. 문학 습작처럼 밤을 지새우거나 새벽을 깨우며 창작했듯, 집에서 조석으로 시간을 쪼개어 연습한 결과물이었다. 기쁨은 배가 되었다.

일 년 육 개월간 지도를 받으면서 두 가지의 서체만을 배웠다. 전서체(篆書體)와 예서체(隸書體)인데 이것만으로도 내겐 넘쳤다. 몇 년간을 한 가지 서체를 고집하는 회원도 있고, 짧은 기간에 오체를 배우는 회원들이 있다. 어느 것이 좋고를 떠나서 한 가지 서체라도 마음에 들도록 쓸 때까지 써보고 싶다. 평생 여기서 머물지 모를 일이지만 그런 마음으로 쓰고 싶다.

평소 교양이나 다큐멘터리 프로그램을 즐겨본다. 특히 진품명품 프로를 보면서 감정할 때 매력적으로 다가오는 것이 고서 작품들이었다. 붓과 먹, 화선지가 만나서 만들어내는 조화는 나를 그 굴레에서 늘 맴돌게 했다. 수백 년 전의 한문으로 쓰인 붓글씨를 보면 선조들의 고매한 품격에 고개가 숙여진다.

언젠가 관공서에 들렀을 때 일이다. 현관에서 대기하고 있는데 복도 벽면엔 그림이 많이 걸려 있었다. 오가며 전시회를 보는 듯 지루할 사이 없이 행복한 시간이었다. 그중에서도 현관 벽에 걸린 백호 사이즈는 될 법한 대형 그림에 눈길이 쏠렸다. 나무에 앉은 까치 서너 마리가 손님들을 반갑게 맞이하기라도 하듯 생동감 있게 묘사된 문인화(文人畵)였다. 조용할 날이 없을 것 같은 곳에 관계자들의 마음이 담긴 그림이 아닐까 하는 생각에 고개가 끄덕여졌다.

문인화 속에 녹아 있는 작가의 정신이나 사상까지는 읽을 수 없지만 붓의 놀림이나 터치, 글체 속에 흐르는 정서는 여유로움과 안정된, 편안함을 심어주었다. 노송과 까치를 수묵으로만 그려놓았는데도 든든하고 묵직하니 담백한 맛이 난다. 작품 내 여백도 잘 살린 느낌을 받아 마치 시골의 한적한 마을을 지키고 있는 우람한 느티나무가 연상되었다.

그 날도 그림에 빠져 거리를 주며 몇 번이고 몰입해서 보았다. 안목이 없는지라 특별한 감흥보다는 시끄러운 곳에서 청아한 목소리로 인사하듯 그림 한 점이 웃는 얼굴에 침 뱉지 못한다는 말처럼, 현관에 들어설 때 그림을 보면 한 번쯤 여유나 입가에 미소를 지을 수 있지 않을까라는 느낌을 받았다.

그림을 감상한 뒤 자연스럽게 낙관(落款)을 읽는 순간 놀라고 그렇게 반가울 수가 없었다. 지인의 그림이었기 때문이다. 지인과는 한 직장 동료였고, 미협 회원으로 활동하고 있는 문인 화가였다. 동료의 그림이 자랑스러워 연락하니 그림을 통해서 지역사회에 많은 봉사활동을 하고 있다고 한다. 자신이 가지고 있는 재능으로 다른 사람에게 기부하며 살아가는 지인이 부럽기도 했고, 멋지게 보였다.

이제 서예 초보자이지만 서예에 대한 애착과 신념을 갖게 되었다. 서예도 전시회나 도록(圖錄)의 글과 그림을 많이 감상하고 연습하는 것만이 지름길인 것 같다. 서예는 학문적으로 보면 진화를 거듭하는 계기를 마련해 주어서 좋다. 아름다운 작품을 표현하기 위해 내 안의 아름다움이나 다른 사람들이 고민해서 만들어 놓은 글들을 공부하면 소양이 더 깊어지기 때문이다.

서예는 먹과 붓을 이용해 화선지에 수를 놓듯 마음의 공백을 채워가는 정신적인 수양의 죽마고우(竹馬故友)다. 심리적으로 보면 실용적 가치가 높다. 서예의 행위 자체가 붓을 들고, 먹물을 가지고 하얀 화선지에 마음을 표현하다보면 내 몸 안에 쌓여 있는 수많은 감정의 상처들이 자연히 치유되지 않을까 싶다.

서예는 한곳에 집중할 수 있어 오롯이 나만의 세계가 된다. 글을 쓰고 있는 동안은 고향에 돌아온 것처럼 마음이 평온해진다. 그 공간에서만이라도 내면을 다스리는 기회로 삼으며 새로운 정신적 에너지를 충전할 수 있다면 더욱 좋지 않을까 싶다.

노력 없는 결과물은 의미가 없다. 임서를 통해 수양을 쌓고 꾸준한 자기개발을 통해 나의 글씨체를 가지고 싶다. 그렇지 않으면 남의 글씨만을 쓰게 될 것이다. 서예를 통해서 나의 개성과 존재까지도 찾고 싶은 것이 솔직한 심정이다.

노후의 비전으로 칠순잔치는 개인 전시회로 열고 싶다. 노래방 기계를 동원한 음식점에서 친인척들에게 음식을 대접하는 것도 일상적인 관례로 무리가 없겠지만, 품위와 보람 있는 전시 계획을 가지고 싶다. 잔치에 들어갈 비용으로 전시장을 빌리고 그동안 준비한 창작품과 임서 작으로 서예전시회를 갖는 것이다. 그곳에서 뷔페잔치를 베풀면 집안의 격도 올라가고 손님들도 품격 있는 잔치에 초대되어 흐뭇해하지 않을까. 【2015.05.04.】

문인화

듣기만 하면 알 것 같지만 내면의 깊이는 알 수 없는 것이 그림이다. 서예를 배우면서 마음에 둘 수 없었다. 서예 기초 과정을 익히면서도 갈 길이 먼 길이었기 때문에 곁눈질은 욕심이었다. 서예를 먼저 한 후 배워야 한다는 말에 서예를 공부하고 있지만, 어느 정도 해야 한다는 기약은 막막했다. 평생 해도 단언하긴 힘든 일이기 때문이다.

서예를 접한 지 몇 년이 지나자 그림을 그리고 싶다는 생각이 자연스럽게 다가왔고 마음 가는 대로 붓을 들었다. 세월만 흘렀지 서예초년생으로 좋은 기회가 되어 겁도 없이 문인화를 접하게 됐다. 우연의 일인지 서예와 문인화 지도는 오래전 회사를 떠나 전업 문인화가로 활동하고 있는 동료였다.

사내 동아리에서는 동료로서 서예를 지도했고, 밖에서는 문인화를 지도하고 있었다. 동료강사의 문인화나 서예가 마음에 들지 않았다면 쉽게 포기했을 텐데 그렇지 않은 것을 보면 의욕과 열정이 있었다. 두 마리의 토끼를 쫓고 싶은 심정이 강하게 꿈틀거렸다. 분명 욕심이었지만 병행하기로 했다.

문인화의 사전적 의미를 보면 '전문적이고 직업적인 화가가 아닌 문인(士大夫)의 여가(餘暇)적인 그림이다.'라고 한다. 문인화는 기법에 얽매이거나 사물의 세부 묘사에 치중하지 않는다고 한다. 여흥으로 자신들의 의중(意中)을 표현하기 위해 그린 그림이기 때문이다. 조선시대 충신들이 역적으로 몰리거나 큰 죄를 지어 유배를 가면, 자신이 억울하다거나 참회하는 심정을 그림으로 풀어 놓기도 했다. 분통하고 고뇌하는 삶이 얼마나 처절하고 절박했을까.

사군자 수업이 계절별로 있었는데 개강을 걱정한 적은 없었다. 이론과 실기를 겸비한 강사의 매 강의 때마다 실습하는 모습을 볼 수 있었기 때문이다. 수강생들에게 능력 있고 인기 있는 존경받는 강사였다. 강의와 실습을 할 때마다 붓놀림에 연신 감탄을 자아내곤 했다. 마치 마법을 부리는 것처럼 강사의 손으로 빚어낸 화선지는 모두가 생명력 있는 작품으로 탄생되었다. 수십 년을 붓과 함께 한 강사의 역량이 빛을 발하는 것이 당연했지만, 내겐 놀랄 수밖에 없는 탄성이 절로 나왔다.

미술은 이론도 중요하지만 강사의 실습하는 모습을 직접 보고 느끼는 것이 우선인 것 같다. 서예도 그렇지만 문인화는 그 과정이 더욱 절실했다. 체본을 받아서 임서하는 것보다 체본하는 과정을 보고서 임서해야 깨달음이 빠른 까닭이다. 특히 문인화는 붓으로 먹물의 농담을 어떻게 배합하느냐가 관건이다. 실습 때마다 집중해서 경청하지만 손은 머리를 따르지 못했다. 수많은 시간의 습작과정이 필요한 까닭이다.

수강 6개월 만에 죽(竹), 난(蘭) 과정을 이수했다. 실습이 절대적으로 요구되는 문인화 기초과정인데, 주 1회 강의와 실습이 전부였고, 육 개월간 집에서 습작과정은 별로 없었다. 서예를 하면서 문인화까지 병행하자니 쉽지가 않았다. 그래도 꾸준하게 수강하는 이유는 자료를 챙겨두면 언젠가는 복습하고 익힐 수 있기 때문이다. 많이 감상하고, 생각하고, 그려야 하는데 새겨야 할 숙제이다.

문인(文人)으로서 문인화(文人畵)를 품는 것이 쉽지가 않다. 분명 가깝고도 먼 남처럼 느껴진다. 아직은 기초과정을 알아가는 단계이고, 많은 습작이 필요한 시기이기 때문일 것이다. 공부에는 왕도가 없다고 했는데 예습 복습이 전무한 상태에서 출석만 열중하고 있으니 난감하기도 했다. 거북이의 근성으로 조금씩 노력하면 이룰 수 있다고 믿지만 쉽지가 않다.

흔히 '민족의 혼이 살아 숨 쉬는 그림'이 사군자라고 한다. 선비들의 삶의 지표였던 4가지의 덕으로써, 겨울을 이겨내고 꽃망울을 터트린 매화, 누가 알아주지 않아도 꽃을 피우는 난, 서리를 견디며 가을 향을 전하는 국화, 사계절 푸름으로 절개를 지키는 대나무를 일컫는 말이다. 이 정신이야말로 내가 그림을 그리면서 새겨야 할 마음가짐이 아닌가 싶다.

좋아서 하는 취미생활이다. 그림에는 소질이 없어서 걱정인데 도전중이다. 서예와 무관하지 않기에 접근했는데 문인화 과정이 만만치 않다. 그러나 강의실 분위기도 좋고 학우들과 무엇인가 배우려 하고 있다는 점과 강의 때마다 새로운 점을 깨달아 간다는 사실이 마음의 살을 찌우는 것 같아 의욕이 생기고 뿌듯한 기분이다.

문인화의 매력은 어디에 있을까. 마음을 치유하는 '힐링'이자 '위안'이다. 직장생활에 활력을 더하고 스트레스 해소엔 그만이다. 취미로 삶의 질이 달라질 수도 있다. 그림 한 장으로 인생이 바뀌는 건 아니지만, 정신적인 생활의 질은 나아지는 것 같다. 학습시간이나 전시회에서 그림을 감상하면 나도 모르게 마음이 편안해지며 군자가 된 듯하다.

전시회를 자주 찾지 못하는 탓에 도록이나 인터넷 검색으로 작품을 감상한다. 특히 체본 동영상이나 작품 동영상 강의를 들으면 도움이 많이 된다. 봇물처럼 동영상이 넘쳐나는데 짬짬이 내게 맞는 작품의 동영상을 찾아서 시청하는 것도 안목일 수 있다.

봄 학기에 난초를 배우고 무모한 도전으로 혜란을 출품해 입상한 적이 있다. 3개월간 난 기초과정을 배우면서 마지막 수업에 난 작품 체본을 임서해 제출한 것인데 덜컥 입상한 것이다. 전시가 끝나고 족자를 받아 보니 부족한 게 많아 부끄럽다. 서투른 필력과 농담도 마음에 안 들고 난 기초배열도 벗어난 그림이다.

부족한 흔적들이 보였다는 것만으로도 위안을 삼는다. 마음에 들 때까지 습작해 출품하는 것이 바람직하겠지만, 그 시기는 언제일지 모른다. 용기를 내서 자주 출품하다보면 결국 열심히 습작하게 될 것이고, 그때마다 조금씩 채워져 가는 작품의 질로 마음까지 흐뭇해질 것이다.

사군자의 의미도 마음에 새겨야 하겠지만 10군자에 속하는 연꽃의 의미도 배우고 싶다. 언제쯤 접할 수 있을지 기대가 된다. 진흙에서 자라면서 탁한 물에 물들지 않는 고결한 모습의 연꽃이 좋기 때문이다. 사회생활도 진흙탕에서 헐뜯고 모함하고 음해하는, 보이지 않는 싸움의 연속이다. 이 속에서 더러운 물에 물들지 않고 깨끗하고 곧게 살아가기 위해선 연꽃의 삶을 닮고 싶다. 연꽃은 군자를 상징한다고 했다. 연꽃처럼 고결한 선비의 삶을 살고자 하는 마음가짐으로 연꽃도 그리고 싶다.

언젠가 서예를 하면서 입상작품을 사무실에 걸어 놓은 적이 있다. 남자들만 근무하는 사무실에 업무가 딱딱하고 거칠다보니 환경을 전환해 보려는 의도였다. 안전에 관한 벽보가 전부였지만, 그다지 관심을 끌지는 못했다. 낯선 서예족자가 눈에 확 띄는 곳에 있는 것도 아니었는데, 단번에 알아보곤 질문을 던진다. 누구의 글이며, 무슨 뜻인지, 사무실 분위기가 고급지다며 너스레를 떤다.

업무로 고성이 오가던 사무실에서 화제의 주제가 서예족자로 전환되면서 부드러워졌다는 점이 큰 변화인 것이다. 고전적인 서예작품을 보는 것만으로도 투박하고 건조했던 마음이 유기적으로 순화되기도 하고, 때론 백 마디의 조언보다도 하찮은 작품이 마음을 움직이게 할 수도 있구나 하는 뿌듯한 마음이 들었다.

문인화 하나쯤 사무실에 걸어 놓고 싶은 심정이다. 그림에는 손재주가 없지만 거북이의 부지런한 심정으로 습작을 해서 반드시 졸작이라도 걸어 놓고 싶다. 수컷냄새가 가득한 사무실이지만 졸작이 대화의 소재가 될 수 있고, 피로에 지친 동료들의 육신이 잠시나마 사무실에서 화제로 회자되어 풀릴 수 있다면 행복한 일이다.

보잘 것 없는 취미생활의 결과물이 남에게도 마음의 치유와 위안을 주고받는다면 흐뭇한 일이다. 문인화를 통해서 연꽃 같은 삶으로 혼탁한 사회생활에 물들지 않고, 고결한 선비의 정신까지 수양할 수 있다면 족한 일이다. 【2017.08.31.】

장애인

십정동 열 우물 수영장에서의 일이다. 한 젊은 장애인의 수영하는 모습을 보고 생각에 잠겼다. 기초 수영 강습한 지 한 달도 되지 않아 뜻대로 안된다며 푸념을 늘어놓고 있던 참이었다. 턴해서 돌아오는 젊은이를 보면서 의지력이 대단하구나 내심 면목이 없었다. 통성명을 하고 이야기를 나눴다. 젊은 시절부터 운동을 좋아했는데, 배드민턴을 친 후 만취해 계단에서 굴러 깨어보니 병원이었단다.

뇌출혈로 한쪽 팔과 다리가 마비되어 일상생활이 어렵게 되었다. 한순간에 직장을 잃고, 아내도 짐을 꾸렸다고 한다. 그 후 장기간 치료를 받고 요양원에서 홀로서기를 하면서 열심히 수영을 하고 있다고 했다. 쓰러진 지 6년이 되었는데 수영을 다니면서 마비 증상이 호전되어 자주 나온단다. 주어진 환경에서 어떻게든 삶을 극복하려고 몸부림치는 모습을 보면서 쓸데없는 넋두리만 늘어놓은 자신이 부끄러웠다.

젊은이는 한쪽 팔과 다리가 마비되어 강습보다는 자유 수영을 하고 있었다. 수영을 익히기보다는 자유 수영으로 물리치료 효과를 기대하고 있는 것이다. 팔동작보다는 발동작이 부드러워 가끔 배영으로 균형을 잡으며 운동해 보지만 주로 물속에서 걷기와 팔운동이 대부분이다. 하지만 일반인들과 같은 공간에서 대화하고 치유되는 정신적인 효과는 분명 큰 용기와 자긍심을 갖게 될 것이다.

남일 같지 않아 마음이 짠했다. 건장했던 젊은이가 어느 날 쓰러져 불구가 되고 가정이 파탄돼 직장도 잃은 상태에서 새 인생을 시작했다고 생각하니 그 고통은 얼마나 심했을까. 생을 포기하고 싶을 만큼 세상이 싫고 두려웠을 텐데 잘 견뎌내고 세상으로 나와 생활하는 밝은 모습에 박수를 보냈다. 나라면 그런 용기가 있었을까. 비록 보여지는 몸은 장애지만 마음속엔 긍정적인 사고가 더 크게 생활을 지배하고 있었다.

잠시 동안이지만 일반인들과 어울려서 수영을 하다보면 피하거나 눈길도 주지 않는다고 한다. 많은 사람들이 그런 것은 아니겠지만 젊은이의 입장에서 보면 한두 명이라도 외면하는 느낌을 받았다면 그 심정 이해가 된다. 장애를 입은 사람이 우리 사회에서 딛고 헤쳐 나가야 할 장애물은 너무나 많고 힘겹기 때문이다. 정상인의 배려와 관심이 필요한 만큼 젊은이를 만나면 무엇을 도와줘야 할까 하는 생각이 앞선다.

케냐를 다녀온 한 지인의 말이 생각난다. 다리가 네 개인 장애인을 보았는데 참 밝은 얼굴이었고, 결혼해서 아이도 잘 키우고 있었다고 한다. 한국에서 태어났어도 걸릴 것 없이 밝았을까. 자신이 없었다고 한다. 우리 동네도 우리 사회도 장애인 이웃과 함께 살아가는 방법을 좀 더 고민해 보면 어떨까 싶다.

다음날, 수영장 입구에서 젊은이를 만났다. 이름을 부르며 반갑게 인사하자 단번에 알아본다. 오늘은 헬스 운동을 한다며 홈플러스 위치를 묻는다. 볼일이 있구나 싶어 수영이 끝나면 이곳에서 만나 동행하자 약속하곤 헤어졌다. 수영을 마치고 샤워장에 사람이 많아 약속 시간보다 10분 늦게 입구로 갔으나 젊은이는 없었다. 순간 큰 죄를 지은 것처럼 젊은이에게 너무 미안했다.

선심 쓰듯 약속해 놓고 늦었으니 얼마나 실망했을까. 젊은이가 먼저 갔나보다 하고는 먼 길 재촉하듯 한 걸음 한 걸음 힘겹게 내딛는 발걸음이 눈에 밟혔다. 십 분이라면 그리 멀리 가진 않았을 것이다. 밖으로 나가 주차장과 건널목을 바라보니 주황색 운동복에 젊은이가 횡단보도에서 신호등을 기다리고 있었다. 천만다행이었다. 달려가며 이름을 불렀지만 헤드폰을 쓴 채 뒤태는 부동자세였다. 어깨를 툭 치자 놀란 듯 반가워했다.

"미안해요, 홈플러스 간다고 약속해 놓고 늦어서, 지금이라도 갑시다."

"아닙니다. 급한 거 아닌데 다음에 가지요." 한다.

"다음엔 꼭 약속 지킬게요." 하고 헤어졌지만 마음에 상처를 준 것 같아 몹시 불편한 밤이었다.

그 후로 홈플러스도 가고 더 많은 시간을 할애해 커피 잔도 기울였다. 젊은이는 컴퓨터공학을 전공했는데 취업을 하지 못해 수많은 일들을 접하며 살았다. 편의점 알바부터 나이트클럽에 기도, 유통업 배달, 막노동, 고리대금업까지 힘들게 살았지만 잘나갈 때는 2년 만에 집도 마련했다. 불구가 되니까 아내는 못 살겠다고 재산에 자식까지 데리고 가버리는데 붙잡을 방법이 없어 허탈했다. 다 제 잘못이라며 그 벌을 달게 받고 있는 것 같다며 고개를 숙였다. 착한 젊은이구나 싶어 등만 두드려 줄 수밖에 침묵이 흘렀다.

마땅한 직업을 구하진 못했지만 가정을 꾸리기 위해 막일도 마다않고 열심히 살았는데 불의의 사고로 장애를 입었다고 가정을 파탄내고 도망가다니 젊은이의 충격이 너무나도 컸다. 한동안 배신감에 주체할 수 없어 정신적으로 매우 불안정한 상태였다. 사랑도 미움도 한순간에 날아가 버렸으니 세상이 무너지는 것 같았단다.

세월이 약이라고, 나 싫다고, 능력 없다고 가 버린 사람인데 생각하면서도 내 입장만 고집해서 그런지 서운한 점은 지울 수가 없단다. 젊은이의 입장을 내가 어찌 다 이해할 수 있을까. 젊음이 무엇인지, 떠나버린 사람, 남은 사람대로 새 인생 지금처럼 희망을 가지고 살아가는 젊은이가 안쓰럽지만 꿋꿋하게 이겨내리라 믿는다.

수영장에는 또 한 사람의 정신지체 장애인이 있다. 건장한 체격에 학생인데 항상 왜소한 코치와 함께 수영장엘 온다. 매번 수차례씩 반복해서 말을 해야 학생이 움직이고 수영을 한다. 보는 사람도 답답할 정도로 산만하고 자유 분망하다. 코치는 화 한 번 안 내고 똑같은 목소리와 표정으로 지시를 한다. 언어 장애와 지체장애로 운동치료를 병행하고 있었다. 학생은 말은 없고 어쩌다 한 번씩, 코치의 지시와는 상관없이 자유롭게 수영을 한다. 쉽지 않은 재활운동 치료이다.

젊은이가 뇌출혈 장애로 수영을 하듯, 학생도 정신지체 장애로 수영을 하고 있다. 재활에 상당한 도움이 되며 특히 정신적으로 성취감과 보람을 느낄 수 있으리라 믿는다. 신체장애는 불편할 뿐이지 결코 장애인이 아니다. 정신적으로 자신을 이겨내는 장애인이야말로 진정한 승리자이다. 항상 학생의 엄마가 차로 데려오면 수영장에서 코치와 만나 수영을 하고 끝나면 엄마가 마중 나온다.

하루는 주차장으로 자가용 한 대가 들어오고 멈추더니 조수석 앞자리 도어가 열리며 커피 잔 빈 컵이 밖으로 내동댕이쳐졌다. 장애인 학생의 모습이 드러나면서 운전석 엄마가 나무라고 있다. 이 광경을 보고 있던 선글라스 아저씨는 그 자가용에 시선을 고정시켰고, 주차를 담당하는 안전요원 아저씨가 지나가자 커피 잔과 그 차를 가리켰다. 빈 컵을 주워든 아저씨가 자가용 앞으로 가자 도어가 내려오고 엄마는 미안하다며 연신 고개를 끄덕였다.

안전요원 아저씨가 왜 모를까. 장애인의 행동이 한두 번이 아니라는 것을, 엄마의 심정은 또 얼마나 난처하고 곤혹스러웠을까. 정신지체 장애인의 돌발 행동을 제어하기가 힘들었을 것이다. 지켜보고 있던 나는 이해할 수 있었다. 대화는 해 보지 못했지만 수영장에서 늘 보아왔던 학생이었고, 코치나 엄마가 힘들어하는 것을 보아왔기 때문이다. 한시도 방심할 수 없는 엄마의 마음을 말이다.

오래 전 모 방송국에서 정신지체자의 발생 원인을 '정신적, 육체적으로 건강하지 못한 부모 탓이 크다'고 보도해 장애인부모회에 공분을 산 적이 있다. '선진국의 학자나 의사들도 정신지체인은 환경오염이나 채소에 과도한 농약사용과 음식물의 방부제 사용 등이 원인이 아닌가, 추정만 하고 있을 뿐 그 원인이 규명되지 않고 있는 상황'이라면서 '마치 모든 정신지체 장애인 부모가 정신적, 육체적으로 충분히 성숙되지 못한 사람인 것처럼 매도하고 있다'고 강하게 비판했다.

장애인이나 정상인이나 한 공간에서 살아가는 한 장애인들을 우리 동네의 우리 사회의 밝은 태양 아래로 이끌어내기 위해서는 우리들의 인식이 새로워져야 한다. 장애인들이 바로 우리 동네 이웃이며 가족이라는 사실을 깨달아야 한다. 건강한 정신으로 적절히 적응할 수 있도록 이끌고 도와줘야 한다. 제일 중요한 것은 분명한 재활의 용기와 의지를 불어넣어 주는 것이다. 【2018.03】

휘호 전

괴나리봇짐 대신 가방에 준비물을 챙겨 자가용에 싣고 일찌감치 시동을 걸었다. 전주 화산체육관에서 있는 '강암 서예 휘호 전'에 참석하기 위해서이다. 오백 리가 넘는 장거리 이동이다. 주말의 날씨는 화창했고 완연한 봄 날씨의 고속도로는 많은 차량들로 서행을 반복했다. 엎친 데 덮친다고, 갈 길이 먼데 타이어 펑크까지 나서 지체돼 마음까지 타들어갔다.

이것이 오늘의 징조일까. 다시 핸들을 잡는다. 조선 시대 선비들은 과거시험을 보기 위해 한양으로 올라갈 때 얼마나 힘들고 괴로웠을까. 몇 날 며칠을 걸어서 한양에 도착하거나, 아니면 입성하기도 전에 포기한 선비들도 있었을 것이다. 신변에 이상이 생기거나 마음의 변화로 중도하차할 수밖에 없는 일로 말이다. 가슴이 무너지는 심정이었을 테니 안타까운 일이다.

얼마나 열심히 준비해 온 과거시험인가. 몇 년에 한 번씩 치러지는 시험에서 인생을 걸 만큼 간절하고 절실했을 일이다. 직업을 갖기 위한 시험이었기에, 한양 땅 시험장에도 가보지 못하고 한순간에 포기하고 돌아서야만 했던 선비들의 마음은 모든 것을 잃는 심정이었을 테니 가슴 아픈 일이다.

선비들처럼 인생을 담보로 한 것도 아니다. 절박하지도 간절하지도 않지만 휘호 장에 가기 위해 고속도로를 질주했다. 서예 초년생이고 독학으로 천자문 한 번 써 보지 못한 보잘 것 없는 사람이지만, 결과보다는 처음부터 끝날 때까지 휘호 장 분위기를 체험하고 느끼고 싶었다. 대중의 인지도와 엄격하고 공정한 심사제도, 여느 대회의 휘호대회와는 차별성이 있기 때문이다.

백일장이나 과거시험과 같다는 점이 나를 흥미롭게 이끌었다. 한 번도 경험한 사실이 없기 때문이다. 통과한 작품의 진의를 파악하기 위해 같은 작품을 임서하는 것이 여느 휘호전이라면, 새로운 제목의 시를 부여하면 서체를 선택하여 작품으로 만들어내는 것이 이 대회의 특징이다. 과거시험을 준비한 선비들의 열정이나 노력에 비하면 견줄 일이 못되지만 이것이 진정 현대판 휘호전이요, 과거시험(?)이 아닐까 싶다.

서예에 대한 견문이나 한자 지식도 미미하고 연습도 지지부진하다. 하지만 붓짐 꾸릴 기회가 주어졌고, 누가 들어도 부끄럽지 않은 대회였다. 유선 상 휘호 전에 대한 자세한 사항을 들어 그림이 그려졌지만, 현장의 분위기를 몸소 체험하기 위해서, 나름 많은 것을 포기하고 채비를 한 것이다. 오로지 경험이 중요했기 때문이다.

'이 어려운 시기에 한 푼이라도 벌어야 하지 않느냐, 서예가 밥 먹여주느냐.' 하는 동료와 중간정산을 신청해 놓은 상태에서 하루 특근을 빠지면 퇴직금액의 차이가 크다며 만류하는 내자의 말도 저버렸다. 경험, '백문이 불여일견'이라고, 나에게 체험은 소중한 자산이라고 생각했다. 과거시험 운운하며 밀어붙였지만 함량미달인 점은 부인할 수 없었다. 또한 주어진 기회마저 포기할 순 더더욱 없었다.

과거시험은 경전을 외우고 시(詩)만 잘 짓는다고 합격하는 게 아니었다. 임금 앞에서 보는 마지막 논술 시험을 통과해야 했다. 문과 시험에서 소과(小科)라 불리는 생원 · 진사시에서는 경전에 대한 이해와 시 · 문장 짓는 능력을 측정했다. 반면 임금이 시험 문제를 내는 대과(大科) 시험에서는 시급한 국가 현안에 대한 정책 입안 능력을 평가했다고 한다.

즐거운 마음으로 시험장 골목 입구에 도착하자 '강암 서예대전 휘호대회' 플래카드가 위엄 있게 안내하고 있었다. 오백 리 길을 한나절에 도착해 기쁘긴 했지만 진지한 마음이 앞섰다. 이제부턴 임서가 아닌 경전에 대한 이해와 시, 문장 짓는 능력을 측정하듯, 자신을 다시 한 번 돌아보며 마음을 추스르며 다잡아 본다.

큰 체육관의 휘호 장은 질서정연하게 준비되어 있었고, 엄숙하면서도 차분한 분위기 속에 진행되었다. 이백여 명의 응시생들이 꽉 들어찼고, 간단한 인사말과 주의사항이 끝나자 여러 개의 한시가 담겨진 과제가 A4지로 배포되었다. 문제는 음을 읽고 그 한자의 서체를 올바르게 적어내는 것이었다. 이런 휘호 전은 처음이었기 때문에 정말 난감했다.

시편 중 짧은 시를 선택해 시간을 벌기로 했다. 서예를 독학하면서 한자 공부를 제대로 안한 것이 후회스러웠다. 천편일률적으로 체본을 임서하는 방법으로 연습하다 보니 모르는 한자들이 많았다. 자전을 이용했지만 음은 물론 부수까지 보이질 않는다. 아는 것부터 적고 차분하게 찾아갔다.

한 시간 이상 시의 독음을 찾아 원하는 서체를 적었지만 나눠준 세 장의 전지에 일목요연하게 적기란 쉽지 않았다. 자전을 뒤적여 메모한 서체가 올바른 것인지 검증할 수도 없으니, 적어낸 글이 마음에 들 리 없었다. 다시 쓸 시간과 작품지도 없었다. 음을 찾는데 시간이 소요돼 정작 서체를 써 내려갈 때는 집중하지 못했다. 완성된 작품을 펼쳐 놓고 바라보는데 지렁이 여러 마리가 기어가더라.

돌아갈 길이 멀어 귀가 길에 나섰다. 과거시험 때는 시급한 나랏일과 고민거리에 대한 유생들의 생각을 물어보았다고 한다. 임금이 갖가지 문제를 해결하기 위해 젊은 인재들에게 아이디어를 물은 것이다. 다시 말해 시사 현안에 대한 논술 시험이었던 셈이다. 나라의 인재를 뽑는 등용문이었기에 적절한 시험이 아닌가 싶다.

이번 휘호 전에 대한 설명을 듣고서 왜 과거시험이 떠올랐을까. 서예를 통해서 시험을 본다거나 먼 거리를 이동했다는 점, 타 대회와는 차별성 있는 휘호 전, 새로운 시나 문장을 자기만의 서체로 작품화 시킨다는 점이 외적으로 보면 유사했지만, 내적으로 보면 반복연습에서 오는 필력일 뿐 시험 문제의 본질은 달랐다.

시나 문장을 짓는 능력을 평가하거나 논술 문제로써 자기의 생각을 피력하는 과거시험은 분명 현대의 휘호 전과는 상이했다. 그러나 강암 휘호전은 나에게 여러 가지 정황상 차별성을 가지고 있는 대회로서, 준비도 안 된 유생으로 돌아가 과거시험을 치르도록 떠올리게 했나보다. 제(題)를 접하면서 한시에 대한 울렁증이 있었고, 결과보다는 있는 그대로의 상황을 즐기기로 했다.

마음 같아선 시 한 편 적고 싶은 심정이었다. 과거시험을 치르듯처녀 휘호 전에 임하면서 느낀 상황을 진솔하게 토해내고 싶었다.

큰 평수의 밭/ 각지에서 모여든/ 농부들의 손길이/ 바쁘게 움직인다

새내기 농부/ 투박하고 어설픈 손놀림으로/ 씨앗을 심는다

콩도 심고/ 마음도 심고/ 추억도 심어 보지만

심지 못한 꿈

돌아오는 길/ 바람이 들려주는 말/ 숙련된 농부가/ 꿈을 심는다 하네

지렁이가 기어가는 흔적을 남기고 돌아서긴 했지만 좋은 경험이었다. 눈앞에 보이는 현실적인 일들을 과감하게 포기하고 다녀오길 잘했다. 예고편을 보듯 예견된 일이었다. 손에 쥔 것 없고 허무한 일 같지만 돈 주고 살 수 없는 소중한 경험이었다. 휘호 전에 임하는 준비 자세나 내일의 안목을 키울 수 있어 좋았고, 전주에서 도장만 찍고 서둘러 돌아가야만 하는 현실이 조금은 슬펐다. 언젠가, 품격 있고 예술이 살아 있는 도시, 맛의 고장인 전주에 들러 곳곳을 찾아다니며 숨결을 느낄 수 있는 오붓한 시간을 가지고 싶다.
【2018.04.21.】

러닝

근무지가 부평에서 만석부두로 이전하면서 그때 가장 걱정이 되었던 것은 출퇴근길이었다. 그동안 회사 근거리에서 걷거나 자전거를 이용해 출퇴근했기 때문이다. 만석부두가 어느 곳에 위치해 있는지, 거리는 얼마나 되는지 알 수 없었지만, 자가용이나 통근버스를 이용해야 한다는 것만은 사실이었다. 얼마 후 만석부두로 출근하면서 불편한 것이 한두 가지가 아니었다. 그중 하나가 러닝이었다.

마라톤 붐이 일기 시작하면서 시작한 운동이었지만 3년이 되어가는 해였다. 그동안 유지해온 계획들을 다시 세워야했다. 평일, 아침과 저녁에 할 수 있었던 운동은 이제 시간문제로 쉽지가 않았다. 그러다보니 다른 방법을 찾아야 했다. 시선을 돌린 것이 출퇴근길에 달리는 것이었다. 회사까지 편도 12km를 달려보니, 매일 달리기로는 무리였다.

만석부두까지 차로로 달리는 것은 안전하지 못했다. 인천제철을 경유하는 도로였고, 11톤 이상의 트럭들이 차로를 질주하고 있었으니 공기까지 좋을 리 없었다. 그렇다고 하던 운동을 멈출 수는 없었다. 인간은 어느 곳에 정착하든 그 환경 속에 잘 적응해 간다고 했다. 차로를 따라 달리면 지루함은 없지만 위험이 따랐다. 자동차가 쏜살같이 곁을 지나칠 때면 가슴이 철렁하고 졸였다.

점심시간에 할 수 있는 코스를 찾아야 했다. 그때 떠오른 곳이 월미도 공원이었다. 공기 좋은 곳에서 달릴 수 없어 유감이지만, 공원 입구를 반환점으로 돌아오는 8km 코스였다. 가볍게 40분간 달리고 식사하면 곧 업무시작이다. 그 코스 역시 자주 달리기란 쉽지 않았다. 직책상 직원의 시선도 의식하지 않을 수 없었기 때문이다.

마지막으로 생각한 것이 신 창고 내 외곽통로(일명 실내 체육관 트랙 400m)를 달리는 것이었다. 물론 헬스장이 있었지만 중식 시간엔 이용자가 많아 피하기로 했다. 이것이야말로 신발견이었다. 창고 바닥은 유리처럼 매끄럽고 사계절 마음만 먹으면 운동할 수 있는 곳이다. 한 가지 지루함을 쉽게 느낀다는 것과 다른 운동을 하고 있는 동료들과 겹칠 수도 있는 불편함이 있었다.

달리기는 일주일 이상 쉬게 되면 근육이 굳어져 처음부터 다시 시작해야 하는 어려움이 따르는 운동이다. 체중감량을 위한 운동도 그렇겠지만, 특히 달리는 감각을 유지해야 하는 경우도 예외일 순 없다. 처음엔 남들처럼 운동 삼아 완주목적으로 달렸다. 대회 참여가 거듭될수록 자연스럽게 기록 단축으로 신경이 쓰였지만, 무리였고 유지가 적당했다.

매년 11월 중순이면 마지막 대회 참가를 끝으로, 새해가 시작되면 다시 시작했다. 인생은 마라톤이라 했는데, 내 삶은 어떤가. 내가 서 있는 자리는 어디인가. 세상이 아무리 혼탁하고 어지럽다 해도 마라톤 인생처럼 살아가고 싶다. 체코의 에밀 자토펙은 새는 날고 물고기는 헤엄치고 인간은 달린다고 했다. 인생을 경험하고 싶다면 마라톤을 하라. “날숨에 고통을 뱉고 들숨에 환희를 채워라.”란 말을 새기며 항상 달리면서 돌아보고 살고 싶다.

가끔, 연습량은 한 가마니인데 기록은 한 섬을 원하진 않았을까. 이 얼마나 부끄러운 일인가. 고정된 러닝방법을 찾기란 쉽지 않았다. 트레드밀과 자연 속에서 달리기를 시작했다. 트레드밀에서 달리는 동안 자신과의 깊은 대화를 나눈다. 내가 누구이고, 왜 달려야 하는가. 나를 가장 잘 알 수 있는 것이 달리기이기 때문이다.

망륙(望六)은 예순을 바라본다는 쉰한 살이다. 자신의 얼굴에 책임을 져야한다는 불혹의 나이를 지나 지천명의 나이를 코앞에 두고 있다. 건강까지도 책임질 만큼 관리는 잘 했을까. 삶의 철학이 담겨있는 운동이 마라톤이다. 가쁜 숨을 토해낼 때면 내가 살아있다는 것을 느끼는 순간이기도 했다. 달리고 나면 내 안의 찌들었던 불순물들이 한꺼번에 쓸려나가는 쾌감도 맛본다.

삶의 터전인 만석부두로 새둥지를 튼 지 오래되었다. 평소 할 수 있었던 운동을 꾸준히 할 수 있어 다행이다. 언제부턴가 러닝머신에서 벗어나 자연 속에서 할 수 있는 공원을 찾아 달리기를 시작했다. 몸과 마음이 건강해야 모든 일에 의욕과 자신감이 생긴다고 했다. 꽃피는 날, 월미 공원과 인천대공원에서 달리기가 그리워졌다.

월미 공원이 새 단장을 했다. 단순히 조깅 코스가 아닌 볼거리를 조성해 많은 시민들이 이용하고 있다. 연인들이나 가족이 즐겁게 산책을 해도 좋을 만한 공원이다. 퇴근 시간이면 공원에 들러 산책로를 걷기도 하고 달리기도 했다. 도심 한가운데 이렇게 좋은 공원이 있다는 것은 오아시스나 다름없다.

나무들이 울창한 산책로를 걷다보면 공기의 냄새가 달랐다. 공기의 소중함과 고마움을 단번에 느낄 수 있어 행복했다. 신선한 음료나 맛있는 음식보다도 마음이 끌리는 것은, 아무 대가나 보상을 바라지 않아도 자연이 베풀어 주는 무한한 공간의 즐거움이 있다. 그곳에는 자연의 순리를 따르는 순수함과 정직함을 깨닫게 해 준다.

또한 달리기로 좋은 곳이 인천대공원이다. 여성백일장이 대공원에서 있는 날이었다. 백일장 행사로 새벽 달리기를 하지 못해, 백일장이 진행되는 도중 시간을 내달릴 수밖에 없었다. 미리 준비해 간 러닝 복을 입고 스트레칭을 시작했다.

한낮의 태양은 아스팔트를 달구었고, 연휴를 맞아 공원을 찾은 도로에는 시민들로 만원이다. 인라인 스케이트를 타는 시민들, 그늘에서 휴식을 즐기는 가족 단위의 시민들, 정말 차로와 인도를 구분할 수 없을 정도로 꽉 들어찼다.

출발이다. 무더운 날씨와 많은 인파로 두 바퀴를 돌아오기로 한 10km의 거리였다. 평소 주일 새벽에 달리던 느낌과는 다른 불편한 달리기였다. 많은 수분을 섭취하고 달렸는데도 유난히 목이 말랐다. 인파를 헤쳐 나가야 하는 불편함도 있었지만, 더운 날씨 탓이다. 매번 달리던 코스였지만, 대회를 방불케 하는 살인적인 날씨였다.

기록은 조건이 아니고 정신적인 사고에 있었다. 달리기 연습에 있어 최고의 기록이 나왔다. 그것도 악조건 속에서 좋은 기록이 나온 것은 무엇을 의미하는 것일까. 결국 무슨 일이든 조건과 환경보다는 자신의 마음가짐이 얼마나 크게 작용하는지 여실히 증명해 준 셈이다.

이것도 소중한 경험이다. 행사에 나와서까지 굳이 달려야 하는가. 라고 말한 한 회원의 말을 떠올려본다. 그렇다. 언젠가 정형외과 의사의 말처럼 이것도 중독이었다. 한 가지 일에 미치지 않고서야 무슨 일을 할 수 있을까. 즐거운 중독이다. 아니, 달리고 있는 동안 나는 자신에게 물음을 던지고 한없이 그 물음에 답을 하곤 했다. 달리는 순간에는 힘들지만 즐거움도 동반했기 때문이다.

참을 수 없다면 즐기라는 말을 나는 사랑한다. 걸어온 내 인생도 다를 게 없다. 평탄한 고속도로보다는 비포장도로를 선택했고, 고독과 외로움을 즐겨왔다. 때문에 고통스러운 달림 자체를 피하기보다는 늘 즐기며 달렸다. 비로소 참을 수 없을 만큼 괴롭고 고통스러울 때 행복한 쾌감을 맛본다. 인생은 이런 것이란 것도 깨닫는 순간이기도 했다.

단지 앞에 있는 부평공원은 정말 좋은 달리기 코스이다. 밤이건 낮이건 마음만 먹으면 언제든지 운동할 수 있는 곳이다. 주로 새벽이나 저녁에 이용하는데 거주지에 이렇게 좋은 환경의 입지조건이 있다는 것은 늘 축복이고, 즐거움이다. 달리는 것은 나를 지키는 일이다. 스케줄에 따라 달려야 한다는 내 신념이 발목을 잡고 한 치의 오차도 용서하지 않으니 어쩔 것인가. 이는 자신을 속이는 일은 용서하지 못함이다. 나를 지키지 못하고 무슨 일을 할 수 있으랴. 달림이라는 작은 일에서 나는 내 인생을 바라보는 눈을 가지게 되었고, 진정한 삶과 사랑이 무엇인지를 깨달아 가고 있다. 【2018.11.11.】

통기타 · 1

“막내 회원! 아니지, 아냐! 그렇게 치면 안 돼지!”

선생님의 호통 소리에 기타를 치던 회원들이 연습을 멈추고, 회원에게 시선이 집중됐다. 매의 눈으로 지켜보던 선생님의 귀에 비음이 거슬렸기 때문이다. 강습 시작부터 회원의 기타 소리가 시원치 않다는 듯 지켜보았었다. 이윽고 날카로운 채찍이 가해졌다.

“가르쳐 준 대로 안 할 거야! 일러준 대로 하란 말이지!”

회원은 고개를 들고 동문서답을 했다. 선생님은 피아노를 가르치면서 있었던 비근한 예를 들면서 그렇게 치려면 그만두라고 소리쳤다. 선생님의 송곳 같은 비수로 강습실은 긴장감이 돌았다. 처음 듣는 나로서는 의아했다. 이 분위기 뭐지, 자식한테 던지는 소리도 아니고, 50대 후반은 된 듯싶은데 아이 다루듯 한 말이었으니 말이다. 회원들은 익숙한 듯 조용했다.

회원들은 분위기를 감지한 듯 눈치만 보고 있었다. 결론은 연습 없이 강습일만 채우려면 때려치우라는 뜻이었다. 회원은 들었던 고개를 떨어뜨리고, 한동안 들지 못한 채 악보만 쳐다보고 있었다. ‘내가 뭘 그렇게 잘못했다고 저럴까.’ 배워야 하는 피교육생의 아픔이었다. 순간 가슴이 뜨끔했다. 내게도 해당되는 문제였기 때문이다. 연습한다고 하루에 한 번씩 만져보긴 했지만 겉핥기식이었다. 찬물 세례를 받은 것처럼 정신이 번쩍 들었다.

주1회 강습에 한 달도 안 된 셋째 주, 수요일의 강습 날이었다. 나는 완전 초급이었고, 중급, 상급 순으로 과정상 자리를 나누어 앉았고, 편의상 그렇게 세 파트로 지도를 해 주고 있었다. 오늘은 일찍 도착해 회원들의 자리를 세팅하고 산뜻한 기분으로 시작한다는 뿌듯함이 있었는데, 시작부터 분위기가 싸늘했다.

중급 파트에 있는 회원이 선생님의 지도에 이해가 잘 되지 않았는지 혼쭐이 나고 있었다. 세 번째 강습이었던 선생님의 느낌은 직선적이고 한 치의 오차도 없는 대쪽같은, 날카로운 눈과 귀를 소유한 분이었다. 싫은 소리도 마다 않고 잘 지적하는, 반드시 복습을 해 오라는 말이었다.

복습을 해오지 못한 회원은 자신의 부족한 능력을 인정했지만, 많은 회원들 앞에서 직구로 날리는 선생님의 묵직한 펀치는 어떤 방패로도 막을 수 없어 불만을 가지고 있었다. 아무리 여름이라도 한여름 더위에 갑자기 퍼붓는 소나기를 맞고 나면 기분은 얼떨떨한 법이다. 정신이 번쩍 들었지만 마음의 상처가 무거웠다. 강습실 분위기는 가라앉았고, 시간은 흘러서 그렇게 끝나갔다.

"삐쳤냐. 쳐다보지도 않더라." 회원은 힐끔 쳐다보곤 아무 대꾸도 없었다.

"복습 좀 해 오라고 그러니까. 나뉘어져 앉아 있는 자리는 중요하지 않아. 어렵다고 하지 말고, 내 능력껏 자리를 찾아서 앉으면 돼."

선생님은 똑 부러지는, 무게감 있는 말이었다. 선생님의 말만 따르면 실력이 늘겠구나 싶은 생각이 들었다.

강습이 끝나고 선생님은 강습실을 빠져나갔다. 회원은 일진이 안 좋다며, 왜 나만 가지고 쥐 잡듯 고문이냐며 참았던 분통을 터뜨렸다. 회원도 보통은 아닌 사람인 듯 화를 삭이지 못하고 그만 둔 회원까지 들먹였다. 얼마 전에도 한 여성 회원을 몹시 몰아세우며 지적 질을 해서 발길을 끊었다고 했다. 회원은 이제 내가 그 표적의 대상이 된 게 아니냐며 울분을 터뜨렸다.

많은 회원들 앞에서 틀렸다고 눈총을 주었으니 마음의 충격이 컸을 것이다. 넋두리하듯 옆에 있는 회원에게 푸념을 늘어놓았다. 분이 삭이지 않았는지 회원은 큰소리로

"내가 기타를 배운 지가 일 년이 지났는데 오늘 같은 경우는 처음이었다."며 흥분하며 열변을 토했다.

순간 통기타 가방을 둘러메고 나가려는 차에 내가 무슨 말을 들은 것인지 귀를 의심했다. 잠시 발걸음을 멈추고 고개를 돌려 회원을 쳐다봤다. 이내 목례를 하고 강습실을 나왔다. 일 년을 넘게 배웠는데 아직도 초급 수준이라면 무슨 문제가 있는 걸까. 기타의 소질이 부족하거나 복습을 안 했다면, 선생님의 잔소리와 역정은 당연한 게 아니었을까 라는 생각이 미쳤다.

통기타 실력은 늘지 않고 일 년을 넘게 다녔다면 끈기와 의지는 인정할 만큼 대단한 회원이었다. 분명 추구하는 목적이 있을 것이다. 배운다는 것이 좋아서, 이런 분위기가 좋아서, 여러 사람들과 강습을 통해서 자신을 발견하는, 기타까지 잘 치면 더 바랄 것이 없는, 그러나 모두가 꼭 잘하고 잘된다는 법은 없다.

젊은 날, 여러 가지 이유로 배우지 못한 아쉬움과 간절함으로 늦깎이에 배워보겠다고 문턱을 들어선 회원들이었다. 몸 따로 머리 따로 뜻대로 되지 않는다. 피교육생으로 나이와 상관없이 싫은 소리도 듣고 짜증도 나고 불만도 터지곤 했다. 피교육생의 신분이 배고프고 외롭고 아프고 짜증나고 힘든 일이다.

회원도 노래가 좋아서 기타를 배우고 싶었지만 의지대로 쉽지 않은 모양이다. 사람들이 좋아서, 친구들을 만날 수 있어서, 시간을 보내기엔 더없이 좋은 곳이었다. 기타 실력까지 진도를 뽑았으면 좋았으련만, 안타깝게도 구력에 맞는 연주 능력을 발휘하진 못했다. 그래도 회원은 다닐 수 있다는 것만으로도 밝은 모습으로 즐겁게 지냈는데 강습시간만 되면 웃음기가 사라졌다.

함께 배우는 회원으로서도 안타깝기보다는 용기를 주고 싶었다. 모두가 다 잘할 수는 없다. 자신의 의지와 신념이, 무엇에 의미를 두고 배우는지가 중요했다. 대부분 강습의 효과는 몇 개월을 배웠는가 보다는 얼마나 열정을 가지고 노력을 했는가가 결실을 가져왔다. 반복 연습으로 익히는 것은 시간이 걸릴 뿐이지 노력만 하면 누구나 습득할 수 있는 일이었다.

그러나 말처럼 쉬운 일은 아니다. 할 일은 많고 기타 잡을 시간은 있어도 쉽게 잡히지 않는 게 현실이다. 이 마음의 벽을 깨고 들어가서 무조건 기타를 잡고 퉁기고 모르면 묻고 알려고 하는 의지가 연습으로 쌓이면 조금씩 바뀌어 가는 실력을 깨닫게 될 것이다. 회원이 뱉어낸 일 년이라는 말이 뇌리에서 사라지지 않았다. 나에게도 따끔한 채찍의 교훈이었기 때문이다.

젊은 시절 기타를 잘 치는 사람이 부러웠다. 배워보겠다고 생각만 했지 학원 한 번 가보지 못하고 반백년이 지났다. 지천명이 돼서는 기타를 구입해 독학이라도 해서 배워보겠다고 했지만, 열정이 부족해 방안에 처박아 두는 신세였다. 영영 어두운 곳에서 빛도 보지 못하고 그렇게 묵혀두었을 기타가 세상 밖으로 나온 것은 최근이었다.

퇴직이 임박하면서 한 해에 하나씩 취미생활을 익히고 있던 중, 어느 날 공원에 많은 사람들 앞에서 기타 연주자를 보고, 묘한 매력을 느꼈다. 기타 하나로 많은 사람의 리더가 되고 마음을 움직이고 즐거움을 줄 수 있다는 점을 깨달은 것이다. 그래 저것이다 하고 마음속으로 외쳤다.

배우기를 미뤄 두었던 기타였다. 아내의 소개로 좋은 강습 프로그램이 집 근처에 있다고 해서 주저 없이 등록했다. 마침 헬스장과 통기타 강습반이 옆 사무실에 있어 이용하기도 편리했다. 겹치는 회원들도 있어 기타 배우는 첫날에도 낯설지는 않았다. 배움에는 끝이 없다고 하더니 새로움에 도전한다는 것은 아기가 걸음마를 배우듯 신기하고 새로웠다. 익힐수록 빠져 들었고, 할 수 있다는 자부심과 에너지로 충만했다.

연습만이 지름길이다. 일주일에 하루 강습을 받고, 6일 동안 집에서 복습을 해야 하는데 돌아보면 소홀한 날이 더 많았다. 그럴 때마다 회원의 모습을 상기한다. 배우다 보면 혼도 나고 짜증도 날 수 있는 일이다. 하지만 연습도 하지 않고 지적을 받는다면 얼마나 치욕적일까. 유구무언인 것이다. 나를 위해서 내가 선택하고 시작한 일인데 충분한 연습을 해 보지도 않고 혼나는 일은 자신에게 수치스러운 일이다. 자신을 학대하는 것과 같다.

처음부터 잘되는 일은 없다. 아무리 바쁘더라도 잠자기 전, 잠시라도 연습하는 습관을 가져야겠다. 관심과 사랑으로 기타와 친해지고 열정으로 조금씩 꾸준하게 연습하다 보면 작은 소망들이 하나씩 영글어 가지 않을까 싶다. 최소한 자신을 학대하는 일은 범하지 말자. 그것처럼 무책임한 일은 없기 때문이다. 이순이 다되어 어렵게 시작한 만큼 튼실하게 결실을 맺을 수 있도록 노력을 기울일 것이다. 기타 반주에 맞춰 한 곡의 노래를 부를 수 있는 그날을 고대하며…. 【2019.05.01.】

시니어 프리패스

강직할 것만 같았던 선생님은 강습 시작 전, 막간을 이용해 운을 띄웠다.

"칭찬 받을 일이 있는데 ~ 에." 회원들은 귀가 쫑긋했고, 수군수군 거렸다.

"무슨 일인데요, 상 타셨어요, 좋은 일 있나 봐요?" 회원들이 한마디씩 거들었다.

"자랑해도 되나? 정말, 박수 받을 일인데."

뜸을 들일수록 회원들은 안달이 났고 조급해졌다. 조금은 흥분된, 활짝 웃는 표정으로 '말해도 되나' 하며 궁금증을 증폭시켰다. 회원들의 목소리가 커지자 선생님은 때다 싶었는지 장착했던 무기를 미사일 발사하듯 큰 소리로 외쳐댔다.

"나, 이런 사람이야!" 오른손에 뭔 증명서를 들고는 흔들면서 웃었다. 회원들은 일시에 박장대소였고, 강습실은 떠나갈 듯 웃음이 끊이질 않았다.

"시니어 프리패스 받았다." 전혀 예상하지 못했던 반전의 일이었기 때문에 웃고 말았다. 무슨 상일까. 잔뜩 기대에 부풀었던 회원들의 모습에도 놀랐던 기색이 역력했다.

누구나 시간이 지나고 세월이 흐르면 받을 수 있는 프리패스였기 때문이다. 선생님의 발언에 놀라지 않을 수 없었다. 연기였든 아니었든 세련된 표현법으로 자연스럽게 받아들이며 당당하게 이야기할 수 있는 자신감과 화술이 뛰어났기에 모든 회원들이 폭소를 금치 못했다.

"선생님, 그거 경로우대증 아니에요?" 한 남성 회원이 센스 없이 던졌다.

"무슨 말씀이세요, 어제 받은 프리패스라고요. 프 · 리 · 패 · 스!"

세련된 갈색 머리에 나이답지 않게 상큼 발랄하게 되받아쳤다. 아직 잉크가 마르지도 않은 따끈따끈한 프리패스라며 머리 위로 들어 보이며 연신 흔들어댔다. 선생님은 패스 이용에 한껏 부풀어 있었다. 행복한 웃음 바이러스가 충전되자, 회원 중 한 여성 회원은 연초에 프리패스를 받았다며 이용 에피소드를 들려줬다. 지하철을 이용하면 어쩌다 한 번씩 역무원이 프리패스를 확인한다고 했다. 개찰구를 통과하면 그만이지 굳이 확인을 해서 무안하게 만드느냐는 말이다. 반면에 내가 그렇게 나이 들어 뵈지 않는가 하고 우쭐대기도 했단다. 나라에서 챙겨준 패스니 확인 정도는 응당할 만한 것이고, 내 몸을 젊게 가꾸었다는 점으로 인식한다면 그만이었다.

어디 그뿐일까. 외모만 늙어 보여도 자리를 양보하는 경우, 난처한 일이다. 언젠가 지하철에서 일이다. 한 량은 이미 경로우대석까지 만원이었다. 승차장에서 올라탄 승객 중 한 중년 남자 같은데, 경로우대석 앞에 서자 한 젊은이가 앉아 있기 불편했는지 벌떡 일어나며 자리를 양보했는데, 그 젊은이는 다리를 절고 있었다. 중년 남자는 희끗한 머리에 구부정해 누가 봐도 나이 들어 보이는 외모였지만, 말 한마디 없이 덥석 앉았다. 나는 입석이었다. 젊은이야 몸이 불편해 경로석임에도 앉았을 터였다. 중년 남자는 무슨 생각으로 앉았을까 싶었다. 젊은이가 내리고 일행이 있었던 중년 남자가 소곤거렸다.

“내가 나이가 들어 보이나 봐, 아직 육학년 아닌데. 차만 타면 양보한단 말이야.” 일행은 웃음으로 넘겼다. 일은 그 다음에 벌어졌다. 젊어 보이는 한 중년 신사가 경로우대석 앞으로 가 섰다. 서 있기가 힘들었는지 앉아 있는 중년 남자에게 자리 좀 하고…. 말했지만 중년 남자는 한 번 쳐다보더니 못 들은 척 외면했다. 중년 신사 외모는 젊어보였지만 목소리는 기운 빠진 노인이었다. 중년 남자는 자기보다 젊어 보이는 신사의 말을 가볍게 듣고 무시해 버렸다. 그러자 실랑이가 벌어졌고, 네가 경로석에 앉을 자격이 있는지 없는지 주민증 까자고 막장 드라마를 연출하고 있었다. 주위 승객들에게 힘겨워하는 신사의 입김이 기울어지자, 앉아 있는 중년 남자에게 따가운 시선이 쏠렸다. 중년 남자는 제 자리가 아님을 파악했는지 자리를 박차고 일어나 사라졌다.

중년 남자는 젊었고 특별히 불편한 곳이 없어 보였다. 나이를 떠나서 앉을 만한 자격이 있었을까 싶었다. 배려와 인사도 모르는, 중년 남자는 앉을 자리가 생겼다는 반가움에 노인 취급을 받아도 서운함이 없었던 것일까. 수수법칙을 모르는 해프닝이었다.

괴테는 사람이 늙으면서 사라지는 것은 친구, 일, 재산, 성욕, 지위, 미래, 희망이라고 했다. 경로우대로 만들어 준 패스가 독이 될 수 있고, 복지일 수도 있다. 그 결과는 본인에게 달려 있다. 부모님이 물려준 고귀한 몸을 함부로 굴리거나 괄시하고 학대하다보면 나이 들어 고스란히 드러나게 마련이다.

요즘 세상에 60대 중반이야 누가 노인이라고 부를까. 고희는 돼야 노인 반열에 오르지 않을까 싶다. 이 시기를 넘은 어르신들은 대부분 늙어가는 것을 피부로 느끼고 직면하게 된다. 이마엔 주름살이 늘어가고 성인병에 노환으로 힘들어한다. 시니어 프리패스를 받는 순간 현재의 몸 상태가 그동안 살아온 세월을 평가 받는 날이기도 했다.

불혹이나 지천명의 나이처럼 내 몸이나 생각이 건강하고 온전하다면 프리패스도 고맙고 즐거운 일이다. 훗날, 내가 그 자리에 서게 될 때 과연 선생님처럼 당당하고 자신 있게 외칠 수 있을까. 지켰노라, 받았노라 하고 말이다.

나이 들어 갈수록 백발이 되는 것은 자연의 순리이고 이치다. 산전수전 다 겪은 이에게 쥐어 주는 연륜이나 세월의 무게일 수도 있다. 부모님이 물려준 고귀한 분신이 세상살이 굽이굽이 넘으면서 시력, 청력, 치아, 허리의 힘 등 활동하는 데 없어서는 안 될 것들이 무기력해지는 것은 당연한 일이다. 인생의 무상함을 한탄하기보다는 백발이 된 것을 즐겁고 자랑스럽게 생각해야 한다. 기타 강습 날이었다. 예전처럼 일찍 나와서 자리를 배치하고, 강습시간이 임박하자 관계자 한 분이 장미 꽃 한 송이와 출석부를 선생님의 자리에 놓고 나갔다. 잠시 후, 포스를 장착한 선생님이 장미 한 송이를 보면서

"웬일이래, 누가 갖다 놓은 거야." 기쁨을 감추지 못했다.

"직원이 출석부와 함께 갖다 놓았어요." 회원들이 박수를 치며 환호하자

"아직까지 한 번도 없었던 일이라고, 저기 봐!" 선생님은 벽 게시판을 가리키며

"음식물 반입금지, 금품거래 발견 시 강습 폐강조치." 큰 소리로 또박또박 읽어 내려갔다. 그러자 회원들이 여기저기서 웅성거렸다.

"저건 너무 심한 일이야, 여기서 김밥 등 우리가 먹는 것들도 안 된다는 거야, 아이, 괜찮아, 안 되는 게 어디 있어! 선물하는 거, 돈

걷는 게 안 된다는 거지."

"주민 센터가 공무원 사회다 보니 말이 들어가서 그래요." 선생님의 한마디로 웅성거림은 수면 아래로 가라앉았다. 꽃 한 송이로 방긋했다가 이내 잠잠해진 것이다.

"선생님, 오늘만큼은 스트레스 받지 말고 즐겁게 강의하세요." 막내 회원의 인사말이 있었지만, 무슨 일이 있었기에 게시판에 대문짝만 한 문구를 적어 놓았을까 싶었다. 사실 수영을, 서예를, 평생교육원에서 문인화를 배우면서 단기간 동안 배움을 통해 스승을 만나고 구성원들의 뜻을 모아 평상시에도 성의를 표하며 지내왔다. 하물며 스승의 날에 감사의 인사를 할 수 없다니 씁쓸했다. 허긴 장미꽃을 가져다 놓을 때만 해도 무슨 일이지 했다. 스승의 날조차 모르고 있었다. 게시판 문구의 위력이 대단했다.

선생님은 그런 일에 휩쓸리는 분이 아니었다. 시니어 프리패스 소유자가 아닌가. 오늘도 강습 전, 입담은 게시판 문구의 위력만큼 강렬하고 섹시했다.

"나, 할머니만큼 기타 잘 치는 사람 있으면 나오라고 그래." 삼십 년 이상 기타 경력에서 나오는 당당함과 자신감이 넘쳤다. 당근과 채찍을 적절히 배분해 강습 분위기를 이끌어가는 힘과 위트가 엿보였다. 회원들은 선생님의 언행 하나하나에 자지러졌다. 장미 한 송이를 입에 물고 농염하고 요염한 태도로 애교를 보였다.

"나, 어때요?" 한바탕 웃고 나서 강습이 시작되면 무거웠던 마음도 흐트러졌던 마음도 강한 집중력을 발휘했다. 강습이 즐거울 수밖에 없었다. 이것이 시니어 프리패스의 힘이다. 【2019.05.16.】

통기타 · 2

— 연주회

강습 한 달 되는 날, 코드 잡는 연습이 한창일 때 선생님은 회원들의 연주회를 두 달 후에 갖는다고 각자 선곡해서 열심히 준비하란다. 초보인 내겐 해당되지 않을 거라 되물었지만 예외는 없었다. 코드도 잡지 못하는데 연주회라니 걱정부터 앞서긴 했지만, 못할 것도 없다는 생각이 들었다. 아직 두 달 간의 시간도 있고, 차근차근 준비해서 도전해 보기로 했다.

주1회 강습에 복습을 주로 해야 하는 입장에서 쉬운 일은 아니었다. 연주회가 아니더라도 늦게 시작한 만큼 마음 다잡고 열심히 해보려는 의지와 열정이 있었다. 중요한 것은 매일 식사를 하고 출근을 하듯 기타 연습도 생활화해야 했다. 연습은 거르지 말자고 나에게 다짐을 했다. 강습시간에 설명을 잘 듣고 복습만 열심히 한다면 충분히 해낼 수 있다고 믿었기 때문이다.

강습 한 달이 지나면서 나와의 다짐과 약속은 완전하게 지켜지지는 못했다. 하지만 손가락의 아픔을 잘 이겨내고 연습한 결과 코드 잡는 법과 주법 연습의 흥미를 느끼고 있었다. 제대로 잡은 코드의 소리와 주법이 잘 연주되면 그렇게 신기할 수가 없다. 맑고 정확한 소리가 이따금씩 나오면 새로운 소리의 발견이었다. 뭔가 할 수 있다는 것에, 해냈다는 것에 놀라면서 흥분을 감추지 못하는 짜릿함을 맛본다.

연습보다 무서운 건 없다. 두 달이 시작되면서 코드 체인지와 주법별로 확실한 연습이 이어졌다. 강습 때 주어진 프린트물이나 강습 날 배운 곡들은 하루에 한 번씩 복습하는 습관을 들였다. 코드 잡는 게 서툴었고, 코드 체인지는 더 어려웠다. 그럴 때마다 코드 잡는 체인지가 늦더라도 흐름이 끊어지지 않도록 스트로크는 끊임없이 쳐 주는 습관을 들였다.

처음엔 주법의 스트로크도 엉망이고 코드 체인지의 기타 소리도 제대로 들리지 않았다. 그래도 곡의 흐름대로 진행하면서 두 손가락이 따라가도록 연습을 이어갔다. 한 곡의 코드가 서너 개에 불가했지만, 부드러운 코드 체인지는 쉽지 않았다. 꾸준한 연습뿐이다. 어느 날 올바른 코드 잡기와 체인지가 자연스럽게 연결되었다. 손가락의 감지 능력이 인지를 한 것이다. 마치 아기가 걸음마를 걷듯 마음은 신세계였다.

세 달째 접어들면서, 노래와 연주로 한 곡을 완성하는 연습이었다. 나름 박자와 리듬감이 있어 주법에 맞춰 노래를 부를 수 있다고 믿었는데, 실제 연습에서 주법은 뒤죽박죽이고 노래는 독주였다. 코드잡기와 체인지가 노래를 따라가지 못했다. 마음만 앞섰지 손가락은 생각대로 따라주지 않는 우스운 꼴이 되고 말았다.

손가락에 굳은살이 몇 번 생겨 딱지가 벗어지면서 연습이 거듭되었다. 노래와 손가락의 놀림, 기타 소리의 3박자가 조금씩 맞춰지면서 재미를 더해 갔다. 즐거움과 흥미를 느끼면서 배우지 않은 곡들도 책을 펼쳐 놓고 연습에 들어갔다. 코드 정도에 따라 주법에 따라 웬만한 곡들은 정확하진 않지만 느리게 연습하는 재미가 쏠쏠했다.

연주할 곡은 일자가 임박해서 선곡하기로 했다. 지금처럼 배운 것을 복습하고 가끔 예습하다보면 내가 잘 연주할 수 있는, 나에게 맞는 곡이 두더지 잡기의 게임처럼 툭 튀어 나올 것이다. 그때 가서 자연스럽게 튀어나온 곡을 연주할 것이다. 그 곡이 당일에 잘 연주되리란 법은 없지만, 나로서는 연습과정에서 얻어진 가장 현명한 방법의 선곡이라 믿었다.

회원들보다 좀 더 나은 연습을 하려면 나만의 연습법이 필요했다. 회원들과는 차별화된 더 많은 연습을 익히기 위해 인터넷 기타 강의를 듣고 스크랩해서 복습하는 등 병행했다. 기초과정이라는 것이 주법이야 같았지만, 곡이 겹치거나 동요가 대부분이었다. 다만 이론적인 설명이나 연습 노하우는 되돌려보기로 놓치는 부분이 없다는 점이 좋았다.

나에게 일기는 생활의 일부분이다. 무엇을 하든 촉매역할을 해왔다. 특히 배움에 있어서는 나를 바로 잡아주고 일관되게 그 일을 수행할 수 있도록 정신적인 지주가 되어 주었다. 수영을, 마라톤을, 서예를, 문인화를 헬스를 문학을 배울 때마다 한결같은 마음으로 전념할 수 있도록 자신에게 다짐하고 지켜왔다. 자신과의 약속을 지키도록 버팀목 역할을 해왔다. 그 속에서 수필이 나왔고, 여행을 가거나 산행에는 기행수필을 적었다. 내 삶을 위한 기록이고 흔적인 것이다.

연주회를 한다고 할 때 선생님의 말이 떠올랐다.

“지금이야 연습하겠지만 조금 지나면 연습 안 할 것이다.” 그때, 속으로 다짐을 했다. 적절한 충격요법으로 채찍을 가한 점은 이해됐지만, 지금까지 배움에 있어 소홀한 적이 없었다. 선생님의 직언이 다르다는 점을 보여주겠다고 주먹을 불끈 쥐었다. 보편적인 생각에서 한 말이지만, 나로서는 더 잘해야겠다는 생각을 굳히게 된 시점이었다.

"노래로 기타를 치지 말고 악보를 보면서 기타를 쳐라." 당연한 말인데 악보보다는 노래로 기타를 친 것이 사실이다. 노래의 감으로 기타를 치기 때문이다. 노래를 안 부르고 악보만 보면서 박자에 맞춰 기타를 치면 감을 놓치는 경우가 많다. 악보의 박자 감을 인지하지 못함이다. 나 또한 익숙지 못했다. 악보를 보면서 기타를 치기 위해 박자와 음표 읽는 법을 다시 숙지하고 연습을 거듭했다.

연주회가 열렸다. 늦었지만 배우려는 열정 하나만으로 짧은 기간 동안 남몰래 복습을 거듭했다. 불끈 쥔 주먹의 의미를 떠올리면서 말이다. 기타 강습 3개월간 체크해 보는 시간이어서 기대가 컸다. 평소 연습한 대로 즐기기로 했다. 강습실엔 조촐한 간식이 준비되었고, 술렁거리기 시작했다. 자신감이 있든 없든 모두가 긴장하는 듯했다. 통기타 연주는 처음이었지만 준비되었기에 침묵을 지켰다.

출석률이 저조해 아쉬운 감이 있었지만 개의치 않았다. 한 곡을 독주로 완주하는 회원, 아르페지오와 스트로크를 혼합해 연주하는 회원, 선생님의 연주를 곁들여 연주하는 회원, 뜻하지 않은 키로 화음이 맞지 않았던 회원, 노력한 만큼의 실력을 보여준 시간이었다. 부족하면 도와주고 넘치면 나눠주는 그런 화기애애한 분위기였다.

강습생의 기타 연주회는 경쟁이 아니고 회원들의 실력 향상을 위한 하나의 동기를 부여해 주는 일이다. 연주회를 위해 준비하다보면 한 번이라도 더 신경 쓰게 되고 연습하게 되는 것이 사실이다. 연주 후 자신감을 갖기도 하지만, 반성의 기회로 삼는 경우가 많다. 앞으로도 멍석을 깔아주고 당근과 채찍을 적절히 버무려주는 일 또한 선생님의 몫으로 더 기대된다.

연주회는 반드시 필요했다. 금방 배운 곡도 집에 가면 주법을 잊는다. 기억력도 이해력도 떨어져 가는 시기인데, 놓아 버리면 강습

일만 채우는 격이다. 배우려는 목적은 다르겠지만 가르치는 입장에 선 하나일 수밖에 없다. 진도보다는 만남 자체가 좋아서, 배우려는 간절한 목마름에, 발전하는 모습을 보기 위해서, 어느 것을 택하든 의미 있는 일이지만, 진도도 나가고 화기애애한 분위기의 만남이라면 금상첨화로 후회 없는 선택일 것이다.

무엇을 배우든 통과의례라고 생각하고 싶다. 공부하는 학생이 시험을 보듯, 서예나 그림, 문인화를 공부하면서 대전에 작품을 출품한다든지, 기타를 배우면서 기타 연주회를 하는 행위는 모두가 다르지 않다. 자신이 쓴 작품이나 연주는 객관적인 제3자의 눈과 귀가 필요하다. 부족할수록 부끄럽지만 드러낼 수 있는 용기를 가질 수 있어야 자신의 내면을 올바르게 직시하고 발전할 수 있다.

배움의 적극적인 연습자세는 자신감을 심어준다. 선생님은 가끔 기타는 정말 처음 배우느냐며 물었고, 선생님의 직언에 불끈 쥔 주먹을 풀기 위해 하루에 한 번씩은 기타를 잡거나 연습을 해왔다. 덕분에 음치도 기치도 면한 느낌이다. 연주가 끝나고 박수갈채는 긍정적인 사고방식과 배우려는 내 안의 잠재된 의식과의 싸움에서 일궈낸 소중한 경험이었다. 【2019.06.19.】

5부 · 반려견

반려견 · 1

어릴 적 고향의 동네를 돌다보면, 활짝 열린 대문 앞엔 송아지만 한 개가 문지기처럼 지키고 있었다. 엎드려 있다가도 인기척에 고개만 들어 시선이 마주치면 그 앞을 지나가기가 두려웠다. 집으로 가는 지름길임에도 어린 마음에 먼 길을 돌아서 가곤 했다. 유독 그 개가 집주인의 아들에겐 온순하게 굴었는데, 친구였던 그 녀석이 부러웠다.

시골엔 가축을 기르는 집이 많았다. 여러 가지 용도로 실생활에 필요한 부분이 많았기 때문이다. 우리도 개와 닭, 소를 길렀는데 개와의 좋은 인연은 없었던 것 같다. 비록 먹다 남은 음식을 마당에서 주워 먹는 신세였지만, 나에겐 가장 애정이 가는 동물이었다. 그러나 멍멍이나 사랑이로 불렸던 우리 집에서 자란 개들의 시련은 많았다. 먹지 못한 것도 아닌데 유난히 허약했던 개와 잦은 병으로 죽어간 개들이 그랬다.

그 중에서도 기억나는 일대 사건이 어느 한겨울 새벽에 있었다. 복덩이가 들어왔다고 애지중지하며 키웠던 개가 있었는데 예전 개와는 달리 튼실하고 용맹스럽게 자라 주인에겐 순종하는 듬직한 누렁이었다. 그 날도 누렁이는 마루 밑 개집에서 잠을 청하고 있었다. 새벽에 누렁이가 누군가에 쫓기는 듯 비명을 질렀고, 그 소리에 잠에서 깬 아버지는 방문을 열지 못하게 했다. 행여 날뛰는 짐승에 변이라도 생길까 그런 눈치였다.

뒤꼍으로 한 바퀴 쫓기는 동안 요란하더니 이내 잠잠해졌다. 날이 밝자 누렁이는 어느 곳에도 없었고, 울타리 안쪽으로 무수한 짐승의 발자국만 흔적으로 남겨져 있었다. 아버진 호랑이가 물어갔다고 했고, 동네 사람들도 수긍했다. 용맹스런 누렁이가 감당할 수 없는 누군가에게 처절히 몸부림쳤을 때, 어린 나이였지만 주인으로서 수수방관한 것 같아 죄책감에 마음이 아팠다. 그 후로 아픈 상처를 안겨줄 것만 같아 개는 더 이상 키울 수가 없었다.

배고팠던 시골에서 유일하게 고기를 먹을 수 있는 것은 개장국이었다. 내 집에서 키운 개는 잡을 수가 없었지만 먹을거리가 궁했던지라 다른 동네에서 잡으면 소문이 돌 정도였다. 어머닌 냄비를 들고 가 건더기보다는 국물을 더 많이 가져왔다. 그때만 해도 돈이 없어 선뜻 나서기가 쉽지 않았을 텐데, 모성이 무엇이기에 염치불구하고 한달음에 달려가 그 국물을 받아왔을까. 속도 모르던 난 건더기가 없다고 투덜거렸으니 어머니의 마음이 얼마나 쓰렸을까. 뜨끈한 국물만으로도 최고의 음식이었다. 찬이 없어도 국물에 찬밥을 말아먹으면 얼마든지 배를 불릴 수 있었으니 지금도 그때의 입맛이 잊혀지지 않는다.

성인이 되어 직장생활을 하다 보니 자연스럽게 보신탕을 접하는 경우가 많았다. 어릴 적 맛만 익혀 논 개장국 덕분에 별 어려움 없이 보신탕을 즐겨 먹었다. 사회 일각에서는 동물학대라는 비난도 만만찮게 부각되기도 했지만, 사회 전반에 걸쳐 널리 각인된 보양식의 먹을거리 문화는 쉽게 바꿀 수 없었다.

시골에서 가축을 사육했다면 도심에선 반려견을 키웠다. 언제부터인가 반려견을 기르는 집이 부쩍 늘었다. 이유라면 여러 가지가 있겠지만, 그 중에서도 TV나 언론매체를 통해서 소개되는 동물농장이 큰 영향을 주지 않았나 싶다. 보는 것은 즐겁고 재밌었지만 반려견을 기르겠다는 생각은 전혀 없었다. 일반 가정에 아이 하나 키우는 정성과 노력이 필요하다는 것을 잘 알고 있었기 때문이다.

어느 날 지인이 키우던 반려견을 입양했다. 400그램의 인형 같은 순백색의 몰티즈(Maltese)는 지인의 병환으로 있는 동안 잠시 반려동물(伴侶動物)이었다. 투병생활의 힘이 되어 주길 바라는 마음에 이름도 '희망이'라고 지었다. 그때는 내가 키워야한다는 간절함보다는 지인의 마지막 손길이 머무르던 동물이었기에 '희망'이라는 반려견이 남다른 의미로 다가온 게 사실이었다. 지인의 보살핌보다는 지인의 아픔과 고독만큼이나 외로움과 배고픔으로 눈치만 보며 살아왔기에 더 안쓰러웠다.

잡식성에 외견상 가냘펴 보이나 용감하고 활달하여 한때는 부유층과 귀족들의 소중한 반려견이었다고 한다. 한 손에 쏙 들어오는 400그램의 희망이는 볼수록 귀엽고 복스러웠다. 아이들은 더없이 애정을 과시했다. 정말로 아이 하나 늦둥이 키우는 것처럼 집안에 화두는 희망이였고, 다 큰 형제들만 있는 썰렁한 집안에 생기가 돌기 시작한 것도 희망이가 들어오고부터였다. 희망이가 주인을 잃고 우리 집으로 온 것처럼 형제들과 희망이가 잠시 헤어질 시간이 돌아왔다. 군 입대를 한 것이다.

이젠 더 이상 희망이를 외롭게 하거나 굶주림에 힘들게 하고 싶지 않았다. 이제야 희망이를 내 가족처럼 사랑하고 돌봐야 한다는 간절함이 배어나왔다. 두 녀석이 입대를 하고 희망이는 하루가 다르게 밝게 자랐다. 청각과 후각이 발달해 승강기에서 내리면 반갑게 육성으로 맞이하고 현관문을 열면 전신의 율동 춤으로 스킨십을 하자고 뛰어 오른다. 딸 가진 부모의 심정이 이렇게 즐거웠을까.

언제 이런 일이 내게 있었을까. 사내아이들이라 그저 얼굴만 내밀고 잠깐 인사하면 그게 전부였다. 희망이가 들어온 후로 여염집 딸들이 부럽지 않았다. 내 자신도 이렇게 변할 줄 몰랐다. 배변과 목욕, 먹이, 예방접종, 소음, 지출 등 신경 써야 할 일이 한두 가지가 아니지만 희망이를 기르면서 새로운 희망이 새록새록 돋아나는 생명력을 느낀다. 밖에서 언짢은 일이 있어도 현관문을 들어서면 변함없이 반겨주는 희망이 덕분에 이내 풀리곤 한다. 단순한 기쁨으로 치자면 입대한 자식들보다는 나았다.

두 녀석이 제대를 하고 어느덧 희망이가 가족의 일원으로 집안을 주름잡을 즈음 5kg이 넘는 듬직한 모습으로 변해있었다. 먹이도 배변도 잘 가리고 집안에 웃음꽃 만발의 주인공은 예나 지금이나 변함이 없다. 달라진 것이 있다면 희망이가 들어와 살갑게 지내면서 그렇게 좋아했던 개장국을 더 이상 즐길 수가 없다는 점이다. 기호식품처럼 즐겨먹던 개장국도 끊었으니 큰 변화임엔 틀림없다. 희망이가 내게 준 깨달음이다.

이따금씩 동료들과 회식이나 술자리에 가면 보신탕이 단골처럼 등장한다. '그 좋은 개탕을 왜 안 먹느냐.'고 묻는다. 그럴 때면 적당히 거짓말로 둘러대고 다른 음식을 주문한다. 누렁이와 희망이를 떠올리지 않아도 이젠 뿌리칠 수 있다.

어릴 적 누렁이의 실종사건으로 깊은 죄책감에 빠져도 보고, 어쩔 수 없는 현실 속에서 개장국을 즐겨 먹으며 성장했다. 요즘 반려견 강아지를 기르는 가족이 많아졌다. 도시에 살면서 반려견과 평생 친구가 되기란 어려운 줄만 알았다. 이해할 수는 있었지만, 늘 멀리서 바라보거나 스칠 때마다 귀엽다는 정도였다. 누렁이의 사건을 내 머리에서 영원히 지울 수 없었기 때문이었다.

그러나 지인이 남기고 간 희망이를 접하면서 누렁이에 대한 죄책감을 덜어낼 수 있는 필연적인 만남의 계기가 아닌가 생각했다. 누렁이의 보호자 역할을 해 주지 못한 몫까지 덤으로 얹어 정성과 사랑을 베풀고, 함께 하는 날까지 가족처럼 화목하게 지내리라. 【2009.】

희망이 · 1

얼마 전 아파트 벤치에서 쉬고 있는데 심각한 표정에 반려견 강아지를 안고 내려온 한 부부의 말이 떠오른다. 함께 쉬고 있던 일행 중 한 아주머니가 강아지의 안색이 안 좋다고 하자 "마음의 준비를 하란다."며 침통해했다.

순간 웃음을 참았지만 동료는 솔직한 심정을 털어 놓았다. 강아지가 얼마 못 산다면 될 것을 무슨 마음의 준비냐고 비웃음을 지었다. 강아지는 강아지일 뿐 그 이상은 아니라는 것이다. 얼마나 정이 들었으면 그렇게 표현했을까. 그 마음 이해한다. 하지만 동료의 말에 동감한다. 사람과 동물이 똑같을 수는 없고 표현에도 분명 차별이 되어야 한다고 보기 때문이다.

우리 집에 귀염둥이는 희망이다. 몰티즈 종의 희망이가 우리 집에 오게 된 사연은 이렇다. 몇 해 전 지인이 투병생활로 힘들어 할 때 선물로 받았다고 한다. 혼자 있는 것보다 적적하진 않을 거라며 준 것이라 한다. 순백색에 동그란 눈, 한주먹밖에 안 되는 4개월 된 귀여운 몰티즈였다. 그때 지은 이름이 희망이였다.

지인의 병환이 악화되면서 희망이가 우리 집으로 오게 되었다. 전만해도 반려견을 키우는 가정을 보면 아이 하나 키우는 거라며 힘들어 하면서 왜 키울까 싶었다. 애정과 사랑이 없다면 힘든 일임에 틀림없었다. 그때만 해도 개를 기르는 것에 호의적이진 않았다. 하지만 희망이를 보면서 뿌리칠 수가 없었다. 지인의 마지막 친구가 되어준 의미도 있지만, 맑고 고운 눈동자에 매료되었기 때문이다.

두 아들만 있는 우리 집에서 희망이가 딸 역할을 하고 있다. 현관문 소리만 들려도 짖어댔고, 꼬리를 흔들며 현관까지 마중을 나왔다. 아이들을 키우면서 한 번도 그런 기쁨을 만끽한 적은 없었다. 사내 아이들이어서일까. 얼굴만 빼꼼히 내밀며 인사하는 게 전부였다. 말로만 듣던 딸아이의 애교스러운 반김을 희망이로부터 보상받는 듯했다. 재롱둥이 덕분에 하루가 즐겁다. 외모도 잘 생겼고, 성격도 온순하다. 장난을 좋아해 동기만 부여해 주면 지칠 줄 모르고 앙탈까지 부리며 우승 욕에 근성도 보인다. 모든 행동이 사랑스럽기만 했다.

우리 집에 와서 대소변을 가리는 연습과 사료를 먹을 때 간단한 적응 훈련을 시켰다. 지금도 지정된 곳에서 변을 가리지 못했을 때 부르면 한구석에 쪼그리고 앉아 나오질 않는다. 재차 큰 소리로 부르면 눈치를 보며 천천히 모습을 드러낸다. 그러나 지정된 곳에 일을 보았을 때 부르면 꼬리를 흔들며 반긴다. 혼나는 것과 칭찬 받는 것을 구별할 줄 아는 동물이다.

혼날 때는 안쓰럽기만 하다. 말 못하는 어린 것이 왜 실수가 없으랴. 지정된 곳에 일을 보지 않았다고 혼날 때 눈빛을 보고 있으면 기죽은 아이를 대하는 것처럼 측은하다. 그것이 운명이고, 살아가야 하는 방법이었다.

살다보니 희망이가 어느새 내 마음 한구석에 자리하고 있었다. 그러던 어느 날 늘 신선한 웃음과 기쁨을 안겨주던 희망이가 다리를 절고 있었다. 예전처럼 활발하게 뛰어 놀지도 못하고 시선이 마주치면 피하곤 했다. 선천성 '슬개탈골'이란다. 근친 간에 교미로 태어난 강아지에 발병한다고 한다. 사람이나 동물이나 살아 있는 생명체는 소중했다. 특히 희망이가 곁에 있으므로 우리 가족의 정신적인 삶을 풍요롭게 해 주었다.

평소 눈물이 흘러 눈 주위 털이 지저분해 희망이도 불편했으리라. '뒷다리 좌우 슬개탈골 술'과 '눈물과다 억제 술'을 받기로 했다. 수술을 하는 동안 애견 병원 분위기는 일반 병원과 다를 게 없었다. 한 주부가 '시추'를 안고 눈물을 훔치고 있었다. 스케일링을 하고 난 강아지를 보니 가슴이 아프다는 이유였다. 감성적일까. 애견에 대한 사랑과 애정이 많아서일까. 희망인 대수술인 셈인데, 속으로만 아픔을 삭이고 있으니 아직 애정이 부족함일까.

잠시 대화를 나누다가 일반 병원에 와 있는 것이 아닌가 하는 착각을 했다. 예방접종, 항암치료, 디스크, 종합검진, 각종 수술 등 나도 받아보지 못한 검진까지 받고 있으니 개 팔자가 상팔자라는 말이 실감났다. 시추, 요크, 스피치, 치와와, 몰티즈 등 족보도 다양했고, 생김새도 각양각색이었다.

수술 두 시간이 지나서야 희망이를 볼 수 있었다. 두 다리에 묵직한 붕대를 감고 눈까지 수술을 잘 마치고 나왔다. 기쁘면서도 한편으론 고통스러웠을 그 시간을 잘 견딘 희망이가 사랑스러웠다. 사람이나 동물이나 병원은 멀리할수록 좋으련만 맘대로 되지 않는 게 건강이었다. 실밥 뺄 때까지 걷지 않도록 돌보라고 한다.

어느 날 부득이 혼자 두고 나가봐야 할 일이 생겼다. 두어 시간 잘 있기를 바라며 일을 마치고 돌아오자 몸에 장착된 목보호대를 풀고 화장실까지 가서 변을 보고 있었다. 그때서야 수술 첫날 저녁에 있었던 일의 궁금증이 풀렸다. 수술 뒤 첫날 저녁 희망인 다리를 몹시 떨고 있었다. 그러다 소변을 보았는데 아마도 참느라고 다리를 떨었던 것 같았다. 평소 화장실에서 대소변을 잘 보았는데 수술로 걷지도 못하자 참다못해 본 것이었다.

습관이 무서웠다. 희망이의 행동이 대견스럽고 사랑스러웠다. 누운 자리에서 대소변을 보도록 곁에서 보호하고 있었던 것인데, 자리를 비운 사이 화장실까지 걷지도 못하는 두 다리를 이끌고 들어가 변을 봤으니 얼마나 통증이 심했을까.

삼복더위를 이겨내고 실밥을 풀기 위해 애견병원을 찾았다. 원장은 '나를 도와주려고 실밥을 다 빼버렸구나.' 하고 웃는다. 안전장치를 했음에도 몹시 불편했는지 눈만 피하면 붕대를 물어뜯고 실밥까지 빼놓았다. 다행히 부위가 잘 아물었으니 별 문제는 없었다.

몰골이 흉했다. 보름 동안 한여름 더위를 견뎌내기 힘들었으리라. 긴 털을 잘라주고 몸을 씻어준다. 짧게 자른 털과 몸에서 윤기가 흐른다. 몸속까지도 질병이 없는, 그래서 늘 희망을 주는, 건강한 웃음과 재롱 모습을 곁에서 볼 수 있었으면 좋겠다.

퇴근길이면 희망이의 모습이 떠오른다. 오늘도 현관 번호를 누르니 가장 먼저 꼬리를 흔들며 졸래졸래 반기는 소리가 들려온다.

【2010.11.24.】

반려견 · 2

대부도 해솔 길, 산행 코스를 걸으면서 자꾸 마음에 걸리는 게 있었다. 산행 초입, 산악 오토바이 주인집에 개 두 마리가 있는데 밖에서 키우고 있었다. 주인의 청으로 안내문 대필을 하고 있는데, 방으로 들어오려는 개를 향해 심하게 욕설을 한다. 반려견을 키우는 사람의 입장에서 심하다 싶을 정도로 무안했다. 개의 모습을 보니 며칠은 굶었는지 비쩍 말랐고 강아지는 어미의 젖을 빨려고 악착같이 달려든다. 몰골이 걱정될 만큼 수척해 안쓰럽다.

물그릇과 밥그릇이 빈 그릇이다. 개 줄로 묶어 놓았으니 먹을 것을 주지 않으면 굶어죽기 직전이다. 남의 개를 뭐라 할 입장은 아니지만 어렵게 입을 열었다. 개가 며칠은 굶은 거 같네요. 했더니 사람이나 동물이나 굶겨야 말을 잘 들어요. 한다. 그래도 어미가 너무 굶은 것 같네요. 젖도 안 나오는 것 같은데, 물은 항상 먹고 싶을 때 먹도록 줘야죠. 수중에 먹을 것이 없어 물을 따라 주었더니 일순간 냄비그릇을 비워냈다. 말 못하는 짐승이다 보니 더욱 측은했다.

노벨상을 수상한 오스트리아의 동물학자 로렌츠는 평생을 함께하는 동물이라는 뜻으로 반려동물이라는 이름을 붙였다고 한다. 흔히 애완견은 가지고 노는 정도로 생각한다. 그러다보면 강아지는 장난감으로 전락하기 마련이다. 개는 오래전부터 사람의 친구였고, 동반자였다. 이제 애완견은 평생 동반자라는 뜻으로 반려견이라고 부르는 게 보편화되었다.

산행을 하면서도 개의 눈망울이 자꾸 아른거려 하산했을 때 다시 그곳으로 갔다. 수중에 먹을 것 하나 없어 던져주지 못한 것이 끝내 마음에 걸렸기 때문이다. 파라솔 밑으로 개들이 이동해 있었다. 주인은 없었고 강아지는 레슬링 선수처럼 몸을 내던져 어미의 젖을 물려고 애를 쓴다. 먹은 것이 부족한 어미의 젖을 빨아댄들 젖이 나올 리가 없다. 어미는 밀어내다 체념한 듯 젖을 내어주고 허탈한 모습이다. 내 몸에서도 기운이 쭉 빠져나가는 것 같았다.

준비해 간 과일을 주니 두 녀석이 으르렁대며 신경전을 벌인다. 모자간에 젖꼭지는 물려도 먹는 것은 서열다툼이다. 기가 죽은 강아지는 멀찌감치 물러선 채 쪼그리고 앉아있다. 과일 몇 조각을 따로 챙겨주니 잘 먹는다. 내겐 자연스러운 일이지만 개 주인의 사랑은커녕 맹목적인 스파르타식으로 키우는 듯 했다. 반려견으로 태어났으나 밖에서 생활하며 밥도 제대로 먹지 못하고 있으니 가엾고 불쌍해 남일 같지가 않았다.

주인을 뵐 심정으로 자리에 머무르자, 오셨네요. 한다. 굶겨야 말을 잘 듣는다는 주인의 말이 떠올라, 강아지와 어미가 참 잘 생겼습니다. 명견 종 같기도 하고 말입니다. 했더니 명견이면 뭐합니까. 개는 다 똑같은 개죠. 한다. 굶주린 강아지와 어미를 생각해 던진 말이었는데 냉랭했다. 참, 글도 써 주었는데 오신 김에 산악 오토바이나 한 번 타시죠. 한다. 개 역성을 듣는 것이 싫었는지 화제를 돌렸다. 마음이 슬프고 가슴이 아픈데 주인은 담담해 보였다. 주인의 호의가 즐거울 리 없어 다음에 타죠. 하고는 반려견을 쓰다듬어 주면서 자리를 나서는데 발걸음이 무거웠다.

고향에서 모임이 있는 날이었다. 집에는 반려견인 희망이가 있는데, 휴일까지 혼자서 집을 지키는 게 마음에 걸려 동행하기로 했다. 시간에 쫓겨 아파트를 나서자 바로 출발했다. 희망인 예전에 없이 숨을 토해내며 씩씩거리며 이리저리 옮겨 다녔다. 숨소리가 신경 쓰일 정도로 거칠어 짜증을 내기도 했고, 구박하기도 했다. 동승한 것을 후회하기도 했다.

도착지까지 한 시간 이상을 좌불안석이었다. 희망이가 차에서 내리자 기다렸다는 듯 이곳저곳 옮겨 다니며 변을 보았다. 그 모습을 보며 한없이 자책했다. 희망이의 마음도 헤아리지 못하고 긴 시간 동안 소리치며 원망만 했으니 얼마나 무지한 일인가. 이따금 눈을 마주치며 간절하게 바랐던 희망이의 눈빛이, 그 마음을 읽어주지 못한 죄책감이 너무 한심스러웠다.

산책을 나갈 때면 항상 변을 보고 소변으로 영역표시를 하면서 발빠르게 돌아다녔다. 희망이에 대한 배려는 했어야 했는데, 소홀했으니 생리 현상을 참느라 얼마나 곤혹스러웠을까. 게다가 차 안에서 실례를 했다면 더 나무랐을 것을 생각하니 면목이 없었다. 다행히 학습효과로 참고 온 희망이가 대견스러웠다.

십여 년을 함께 살아오면서 행동, 눈빛만 봐도 무엇을 원하는지 잘 안다고 자부했는데 정말 필요할 때 돌봐주지 못한 주인이었다. 잘해 줘야지, 놀아줘야지 하면서 내 생각만을 앞세웠지, 희망이 입장에서 고민하지 않은 것 같다. 좀 더 세심한 관심과 배려로 등을 긁어줄 수 있는 주인으로 거듭나리라.

며칠 전, 동물농장에서 '면식이'라는 반려견이 방영되어 눈길을 끌었다. 면사무소의 마스코트, 특유의 넉살과 폭풍애교로 모든 방문객의 마음을 사로잡았다. 대소변도 잘 가리고 면장의 말에 따라 사무실엔 절대로 들어가지 않는 등 낮에는 면사무소 안내견이요, 밤에는 낯선 인을 경계하는 지킴이다. 얼마나 똑똑하고 예의바른 반려견인가.

관심사는 면식이의 주인이었다. 주인을 찾기 위해 마을 이장들이 수소문했지만 찾을 수 없었다. 반려견이 믿고 따랐을 주인이 누구인지 모르지만 면식은 잘 알고 있을 것이다. 면사무소에서 안내 일을 하다가 민원인 방문이 뜸할 때, 차로로 나와 지나가는 차량들에 시선을 주었다. 주인을 기다리는 면식이의 눈망울이 애처롭게 보였고 가슴이 미어지는 것 같았다.

주인에게 버림받은 반려견이지만 교육과 사랑은 잘 받고 자란 것 같았다. 면사무소에서 하는 짓을 보면 말 못하는 짐승이지만 웬만한 공무원보다도, 사람의 탈을 쓰고 못된 짓을 일삼는 인간보다는 배울 점이 많기 때문이다. 일을 하다보면 내부 규칙을 무시하는 경우가 있는데 면식이가 생활하는 것을 보면서 되돌아보게 된다는 직원의 말이 여운을 남긴다.

귀엽다고 키우다가 성가시니 내치는 감탄고토 식의 자세는 많은 반려견들을 유기견으로 내몰 수 있다. 반려견이 함께 할 수 있어 가정에서 정서적인 안정을 취하고, 외로움과 괴로움을 이겨내기도 한다. 동반자로서 주인만 바라보고 사는 반려견을 좀 더 따뜻한 시선으로 바라보며 끝까지 책임진다면 면식이 같은 일은 줄어들 텐데, 절실함과 아쉬움이 밀려왔다.

이제 반려견은 가족에 즐거움을 주기 위해 키우기보다는 반려동물로서 대중화되어 가고 있다. 아직도 목줄로 묶어 놓고 밥을 굶겨야 말을 잘 듣는다고 역설하거나, 생리현상의 마음을 읽지 못해 곤혹스러워했던 반려견의 비애는 애석한 현실이고 슬픈 일이다. 면사무소의 마스코트인 면식이의 예의 바른 행동은 반려견으로서 부족함이 없음을 보여주었다. 함께 동반자로 살아가는 반려견을 키우는 이 시대의 주인이라면 사랑과 관심만큼 인격과 성품도 고루 겸비한다면 금상첨화겠다. 【2016.01】

희망이 · 2

일요일 새벽, 잠이 많은 큰 녀석이 거실 소파에서 자다가 다급한 목소리로 아빠를 찾는다. 아침잠이 없는 내가 거실로 나오자, 큰 일이 생겼구나하는 직감이 들었다. 소파에서 의식을 잃어가는 희망이(반려견 이름)를 뉘어놓고 형제 녀석이 울먹이고 있었다. 놀란 가슴을 쓸어안고 희망이를 불러 보지만, 고정된 시선과 경직되어 가는 다리, 몸이 잡아당긴 것처럼 늘어졌다. 그저 지켜볼 수밖에 없는 상황이어서 몹시 안타까웠다.

전날 저녁, 주말이어서 모처럼 가족이 다 모였고, 희망이도 예전처럼 사료 먹고, 밥상에서 먹을 것을 달라고 돌부처처럼 얌전하게 기다리고 있었지만, 줄 수가 없었다. 잠든 시간, 늦은 저녁 이따금씩 힘겨워하는 기침소리에 큰 녀석이 스킨십으로 진정시켜 주자 잠이 들었단다. 근래부터 걱정됐던 일이라 별다른 일이 있을까 의심치 않았단다.

희망이가 새벽에 변을 보다 힘겨웠는지 몇 번이고 화장실과 소파를 오간 모양이다. 뒤태에 달린 변이 이불 여기저기에 흔적으로 남아있었다. 예민한 큰 녀석이 희망이의 거친 숨소리가 예전과 달라

깨어보니 이불에 쓰러져 있었단다. 큰 녀석 옆에서 잠을 청했던 희망이가 캄캄한 밤, 몸이 아파도 말 못하고 혼자서 화장실을 오가면서 얼마나 이겨 내려고, 버텨 내려고 발버둥 쳤을까 생각하니 정말 안쓰럽고 가여웠다.

경련을 일으키다가 기력이 다 소진된 후에야 가족들이 알게 된 것이다. 눈을 마주보며 불러 보고 쓰다듬어도 보았지만, 거친 숨소리만 반복적으로 힘겹게 토해내고 있었다. 눈은 뜬 채로 시선이 고정되었고, 혀는 입 밖으로 나왔다. 죽은 듯 조용히 있을 땐 가슴이 철렁 내려앉았다. 한 번씩 몸을 움직이면 눈동자도 보고 있는 것처럼 느껴졌다. 희망이는 마지막 순간까지도 소리 없이 안간힘을 썼는지 모른다.

그렇게 예정되어 있었던 것처럼 희망인 가족의 애정 어린 따뜻한 목소리와 그리운 얼굴들, 사랑하는 마음까지 다 듣고 가족의 끈을 내려놓았다. 중병을 앓고 있으면서 몹시 힘겨웠을 텐데 내색 없이 혼자 발버둥 치다 조용히 간 것이 너무 안쓰럽다. 새벽에 가족과 한 시간 동안의 슬픈 이별 식을 나눈 채 그렇게 떠났다.

어려서부터 가족이 되어 십여 년 이상 함께 살았다. 예방접종을 마치고 서너 곳에 수술 외에는 잔병치레 없이 잘 지냈다. 자라면서 사료보다는 집 밥을 먹고 싶어 밥상 앞에서 보채지도 않고 염불하듯 뚫어지게 쳐다보고 있는 모습이 안 돼 보였고, 걱정되기도 했다. 그때 조금씩 주던 것이 습관 되어 안주면 미안했고, 몸은 점점 병들어 가고 있었다는 것을 왜 몰랐을까.

집 밥은 간식처럼 먹으면서 잔병치레를 했지만 큰 문제는 없었다. 올 여름날, 잔병으로 큰 녀석이 병원에 데리고 가 진찰을 받은 적이 있었다. '지금 죽어도 이상하지 않을 만큼 중병입니다. 집 밥을 먹이면 사람과 같은 병이 생깁니다. 성한 장기가 없네요. 큰 병원으로 가든지, 지금부터라도 집 밥은 먹이지 말고 사료만 먹이세요. 가끔씩 거친 기침소리를 할 겁니다. 운동은 시키지 마시고 충격을 받으면 안 좋으니 진정시켜 줘야 합니다.' 청천벽력과 같은 소견에 앞이 캄캄했다.

집에서 인형 던지기 놀이도 무리라는 것이다. 큰 병원에 데려 갈 용기는 없었고, 환자 견에게 먹일 사료와 충격을 받지 않도록 신경 써 주는 일밖에 없었다. 희망이는 중병을 앓고 있으면서도 예전과 같이 환자라고는 느껴지지 않을 만큼 잘 놀고 활달했다. 예전처럼 밥상에서 염불하고 있으면 고기 조각이라도 주고 싶은 충동이 일었지만, 희망이를 위해선 줄 수가 없었다.

그렇게 사오 개월이 지난 후 쓰러졌다. 이렇게 빨리, 아니 아무 예고 없이 훅 가버릴 줄은 몰랐다. 그동안 희망이가 원하는 음식과 운동을 시켜주지 못한 것이 가장 마음이 아팠다. 이렇게 갈 거였으면 먹고 싶은 거 다 먹일걸 그랬나 싶다가도, 그나마 소견 후 사료만 주었기에 지금까지 함께 지낼 수 있었던 게 아니었을까 고맙고 감사할 따름이다.

희망이가 떠나면서도 가족에게 큰 부담 주지 않고 가는구나 싶다. 휴일도 그렇지만 나가서 생활하고 있는 큰 녀석이 집에서 자고 가는 날은 드물었다. 그날따라 하룻밤 자고 가는, 가족이 다 모인 자리였으니 말이다. 평일이었다면 희망이도 가족도 마음이 더 아팠을 것이다. 가족에겐 즐거움만 펴 주고 갔지만, 집안에만 갇혀 살다간 희망이의 삶은 어쩌면 감옥이었을지도 모른다.

날이 밝으면서 희망이와 정말로 이별해야 하는 시간이 다가오자 참았던 눈시울이 붉어졌다. 입버릇처럼 토해냈던 선산으로 가기로 했다. 희망이가 사용했던 용품들을 정리하는데 생각보다 많았다. 애기 한 명 키운다는 말이 실감났다. 그 중에서도 희망이가 가지고 놀던 장난감 인형이 나를 울먹이게 했다. 유난히 장난을 좋아했는데 근래부터는 심장에 무리가 될까 던져주는 인형놀이도 못해 미안했는데, 생각해보니 변변한 인형 하나 사준 게 없어 몹시 가슴이 저렸다.

선산으로 가는 차 안에서 많은 생각이 떠올랐다. 전날 꼬질꼬질한 희망이를 보면서 '내일은 아빠가 쉬는 날이니 목욕 시켜줄게요, 겨울이니까 눈이 내리면 아빠하고 산책도 하자.' 했는데, 희망이의 아픔은 미처 헤아리지도 못하고, 토해낸 공염불이 되고 말았다. 막상 가고나니 희망이란 두 글자만 떠올려도 울먹해지는 것을 보면 내 안에 희망이의 존재가 크게 자리하고 있었다.

선산에 도착하자 유기견 세 마리가 묘지 위에서 내려다보고 있다. 무엇을 먹고 야생에 적응을 했는지 튼실한 큰 개들이 위협적이다. 무력으로 유기견을 쫓아버리고 매장을 위해 곡괭이질을 했다. 겨울에 얼어버린 땅이 쉽게 파이질 않는다. '함께 지냈던 희망이를 잘 돌봐주세요.' 하고 선친께 부탁했지만, 겁이 많고 온순했던 희망이가 깊은 산속 외진 곳에서 더 외롭진 않을까 걱정이다.

어려서 가족이 되어 대소변을 잘 가리는 학습으로 귀여움과 사랑을 독차지했다. 침대에 올라와 자다가도 볼일이 급하면 내려달라고 끙끙거렸고, '인형 가져와요. 맛있는 것 줄까.' 하면 잘도 알아듣고 꼬리를 흔들어댔다. 딸이 없는 가정에 들어온 희망이는 여느 집 딸이 부럽지 않을 만큼 웃음이 끊이질 않아 행복했다. 침묵의 집안 분위기와 가족 간의 서먹한 이해관계가 있어도 희망이로 인해 풀어지곤 했던 행복한 바이러스였다.

특히 두 녀석이 군복무 중에는 공백 기간이 길었는데 희망이의 역할이 컸다. 녀석들의 그리움이나 가슴 한구석이 적적할 때면, 딸 역할을 해 주는 것 같은 희망이의 재롱과 귀여움이 모든 시름 잊게 했다. 희망이가 하루가 다르게 커가는 것을 보면서 아이들의 걱정도 많이 사라졌다.

퇴근 시, 내 집 현관 앞에 서면 기다렸다는 듯 희망이의 목소리가 들렸고, 꼬리를 흔들며 반갑게 맞아줘 종일 무겁게 짓눌렀던 내 어깨의 짐을 내려놓은 듯 가벼워졌다. 뛰어난 후청 각으로 주인을 알아보는지, 아파트 현관에 들어서면 방 현관 앞에 쪼그리고 앉아 기다린단다. 지칠 줄 모르는 부지런함이 없다면 이런 호강을 만끽하지 못할 일이었는데 희망이는 가족에게 너무나 많은 기쁨과 즐거움을 베풀고 떠났다.

희망이가 곁을 떠난 지 한 달이 지났다. 이젠 잊을 만도 한데 희망이의 빈자리가 너무나 크다. 집에 들어서면 거실이 썰렁하고 크게 보인다. 밥을 먹어도, 화장실을 가도, 잠자리에 들어도 생각이 난다. 항상 동선을 따라다니며 확인하고 제자리로 돌아가곤 해, 가족에겐 늘 사랑스러운 존재였다. 아직도 집 안 분위기가 낯설다. 이 기분 빨리 떨쳐내야 하는데 쉽지 않다.

요즘도 아내는 희망이가 눈에 밟힌다고 울먹인다. 아침 준비하러 주방에 들어가더니 울컥해서 돌아 나왔다. 예전 같으면 희망이 발자국 소리와 함께 주방으로 달려와 항상 무엇인가 달라고 하는 애절한 눈빛에 안아주고 대화하고 그렇게 사랑하며 지냈는데, 왜 허전하지 않았을까. 희망이에 대한 아내의 깊은 정을 내려놓지 못함이다.

돌아보면, 가는 날까지 많은 의미를 남기고 갔다. 가족에게 부담을 덜어주려고 휴일 날, 그것도 가족이 다 모였을 때, 갑자기 조용히 갔다. 병치레로 고통스러워하며 고생고생 끝에 가는 친구들에 비하면 얼마나 다행스럽고 고마운 일인가. 슬픔보다는 기쁨과 행복을 더 많이 베풀고 간 희망이다.

이렇게 큰 그리움이 가슴에 사무치도록 밀려올 줄은 몰랐다. 사진으로 남은 흔적들을 보거나 동물농장 프로그램을 보면 더욱 보고 싶은 마음이 간절하다. 큼직한 희망이 사진을 방안 벽에 붙여 놓고 당분간은 보고 싶을 때 대화하며 지내고 있다. 그래야 마음이 편했다. 천천히 헤어지는 연습을 해야 한다. 이제 희망이도 시간이 지나면 기억 속에 자리하겠지만, 미안하고 고맙고 앞으로도 영원히 사랑한다, 희망아. (2017.12.17.사망) 【2018.01.20.】

유기견

추운 날, 단지 현관문을 들어서려는데 점박이 강아지가 문지기처럼 꼼짝 않고 응시했다. 맑은 눈망울에 고인 슬픔이 가득했다. 주인을 잃었구나, 하고 안타까운 마음에 보듬으려하자 피해간다. 목줄이 있으니 키우던 강아지인데 경계를 했다. 동사 걱정에 임시로 건사하려고 달랬는데 낯선 듯 도망간다. 순찰하던 경비 아저씨가 다가오자 유기견이 아닐까 물으니 모른다고 한다. 주인을 찾는 것 같은데 경비실에서 잠시 챙겨주길 부탁하자 강아지는 알아들은 듯 따라간다.

다음 날 경비실 아저씨에게 점박이 강아지를 묻자 머무를 곳이 아니란 걸 느꼈는지 다른 곳으로 가 버렸단다. 누군가를 애타게 찾으며 기다리던 슬픈 눈동자가 자꾸 떠오른다. 추운 날, 어느 골목길을, 어느 단지 현관 앞에서 주인을 기다리고 있을까. 헤매고 다니지는 않을까. 정말 유기견이라면 현관에서 거두지 못한 것이 몹시 마음에 걸렸다.

유기견이 유격대원같이 느껴지는 것은 왜일까. 버려지는 반려견들이 늘어나면서 단지나 한적한 도로, 길거리, 또는 산속에서 만나면 두려움부터 든다. 혹시 덤벼들어 해치지나 않을까. 허기에 굶주린 개들이 막다른 골목에서 궁지에 몰리면 달려든다고 하지 않던가. 특히 낯선 곳, 산에서 맞닥뜨리면 강아지는 몰라도 다 큰 개라면 등골이 오싹해진다.

아내와 제주도로 여행 갔을 때 일이다. 반려견이 유기견으로 제주도에서 목격된 것은 여행에서 가장 슬픈 일이었다. 민가가 없는 깊은 산속 도로변 삼거리에서 지나가는 차량들을 한없이 바라보고 있던 모습이 잊히질 않는다. 여러 마리의 유기견이 그렇게 들개로 살아가거나 굶주린 채 죽어간다면 인간의 잔인함과 무책임함에 자책감이 들었다.

어느 날 텔레비전에서 뉴스가 나오자 시선이 모아졌다. 통영 항구에 버려진 개들이 많다는 소식이다. 그러고 보니 지난주에 욕지도에 다녀온 뒤라 기억이 생생했다. 통영 부둣가에서 맴돌던 유기견이 떠올랐다. 버려진 개를 보면 남일 갖지 않다. 그날도 덕지덕지한 몸에 초췌한 눈으로 누군가를 찾고 있는 개들을 보고 마음이 아팠다. 눈동자를 마주칠 때마다 죄스러운 마음이었다. 무책임한 행동을 자처할 거면 키우지 말 일이다. 처음 가는 곳이었고, 그곳이 반려견들의 유배지로 많은 곳 중의 한 곳일 줄은 몰랐다. 정말로 통탄할 일이었다.

여름철 휴가로 파도리 해변엘 서너 번 갔었다. 민박집에 돌아와 자리에 눕자 아른거리는 게 있었다. 텐트를 쳤던 곳, 언덕에 다른 민박집이 있는데, 마당엔 공사를 위해 준비한 흙이 산더미처럼 쌓여 있었다. 흙더미 위엔 터줏대감처럼 개 한 마리가 텐트를 내려다보고 있었다. 포스가 느껴지는 주인 집 개구나 싶었다. 잠시 후, 냄새를 맡았는지 흙더미에서 내려온 개는 세월의 무게를 다 짊어진 듯, 후줄근한 몸을 이끌고 텐트 주위를 기웃거렸다.

멀리서 보았을 땐 모습만 보여 카리스마가 느껴졌지만 곁에서 보니 남루한 모습에 허기까지 져 가슴이 미어질 만큼 아팠다. 통영에 갔을 때 개 주인이 오려나. 부둣가를 맴돌고 있는 유기견이 떠올랐기 때문이다. 저 개도 주인에게 버림받은 줄도 모르고 버려진 곳에서 주인을 기다리는 유기견이란다. 곁을 주지 않아 먹을 것을 던져주면 냉큼 받아 물고 달아났다.

얼마 전 선산에 희망이를 보내려고 갔을 때에도 깜짝 놀랐다. 산중턱 묘지에 다다랐는데 산등성이에서 기다렸다는 듯 늠름한 자태의 흰 개들이 내려다보고 있었다. 야생 생활에 적응을 잘하고 있는 것인지 튼실하고 깔끔해 보였다. 혹시 냄새를 맡고 해치지는 않을지 걱정이 앞섰지만, 멧돼지도 얼어버린 흙을 파내기란 쉽지 않을 것이다.

반려견을 키우다보면 기쁨과 슬픔을 함께 나누면서 지낸다. 때론 기쁨을 더 많이 받으며 지낸다. 자식보다 더 낫다고 생각할 때도 있다. 다 큰 자식이 무덤덤한 것보다 언제 어디서나 무슨 일이 있더라도 변함없이 꼬리를 흔들고 반겨주는 것은 반려견이다. 그런 개를 먼 곳에 버려 떠돌게 하는 방법밖에 없었을까. 너무 무책임하고 비열한 인간의 행동이 미웠다.

바닷가를 맴도는 유기견이나 케이지에 갇힌 반려견의 슬픔은 나의 아픔이기도 했다. 반려견을 키우는 사람으로서 목줄까지 하고 케이지에 갇혀 있는 개를 아는 체하면 꼬리를 흔들며 그렇게 반가워했다. 꽉 낀 케이지 속엔 청소도 하지 않은 듯 지저분하고 냄새는 코를 찔렀다. 무슨 사연이 있기에 저렇게 죄인 취급하듯 목숨만 부지하게 하는 걸까.

개 줄이라도 길게 해서 밖에서 놀다가 저녁엔 캐지 속으로 들어가면 좋으련만 용납 못 한다는 주인의 반응이 궁금했다. 반려견이 너무 크고 생김새가 험악해 밖에 묶어 놓으면 사고를 친다는 것이다. 영업집이고 노부부로서는 감당하기 어렵다는 뜻이니 안타깝고 슬픈 현실에 마음이 짠했다.

우리 주변에는 유기견이 너무 많다. 처음에는 외로워서, 예뻐서, 귀여워서, 반겨주니까, 여러 가지 이유로 입양해 키우다가 싫증나면 휴가철이나 이사할 때 가장 많이 버려진다고 하니 정말 안타까운 현실이다. 유기견은 단물 빠지고 싫증나면 버려지는 껌과 같은 존재가 아니다. 길거리나 단지를 헤매고 다니는 유기견들의 삶이 참으로 비참하다.

유기견에겐 선택권이 없다. 반려견은 말 그대로 사람에 의해 존재하고 길러지며 생명체를 형성한 가족의 동반자이다. 유기견을 줄일 수 있는 대안으로 동물등록제를 실시하고 있지만 실효를 거두지 못하고 있다고 한다. 통제할 수 있는 수단이 없기 때문에 달면 삼키고 쓰면 뱉는다는 속담처럼, 쉽게 선택하고 아무 죄책감 없이 편하게 놓아버리는 잘못된 습관이 만연해 있다.

운전을 하다보면 차에 치인 동물들을 흔히 볼 수 있다. 또한 단지에 돌아다니는 유기견에게 물리는 일도 벌어져 논란이 일기도 한다. 사회에 골칫거리로 전락할 수도 있다. 동물등록제를 의무화해 벌금을 강화한다면 입양할 때의 기쁜 마음처럼 헤어질 때도 쉽게 판단하고 함부로 행동하는 일은 줄어들지 않을까 싶다.

유기견이 없는 사회, 유기견이 줄어드는 사회가 되려면 버려지는 개들의 생명을 내 가족의 일원으로 생각할 때 가능한 일이다. 먼저 우리들의 인식의 전환이 필요하다. 애완견이란 장난감처럼 가지고 논다고 인식이 강하고, 반려견이라 할 때는 평생 동반자라는 인식이 가능해진다. 어떻게 부르든 오랫동안 우리의 친구였고, 지금은 가족으로 지내고 있다. 반려견으로 불러주고 진정 가족으로 살아간다면 밖에서 주인을 기다리며 배회하는 유기견은 점점 사라질 것이다.

【2018.03】

사랑

사랑이 국경을 넘은 지 오래다. 다문화 가정의 정착과 우리 사회에 국제결혼도 점점 늘어나고, 의식수준이나 바라보는 시선도 좋아져가고 있다. 사랑이 세계화 시대에 맞게 진보해가는 과정에서 국경보다도 더 놀랄 만한 일들이 동물세계에서 벌어지고 있다. 종(種)의 차원을 넘어 다른 동물들과 사랑을 나누는 이야기가 심심찮게 들려오고 있다.

얼마 전, 십 년 이상 함께해 온 희망이(반려견)를 보내고 흔적만 집안 곳곳에 남아 있다. 오가며 희망이 사진을 보면 추억들이 떠올라 그리워진다. 덕분에 동물농장을 시청하면서 눈시울이 붉어질 만큼 동물에 대한 관심과 사랑도 쌓여가고 있다. 수많은 동물들의 애환을 보면서, 자식을 걱정하는 사람이나 새끼들을 끔찍이 생각하는 동물의 모성은 다를 게 없었다.

어느 날인가, 동물농장에서 노새와 양의 애틋한 러브스토리가 공개됐다. 한 농장에서 살고 있는 루키(노새)와 양양(양)이가 주인공이었다. 그저 사랑에 빠진 줄만 알았던 루키와 양양이는 생각보다 더욱 애틋한 사랑을 나누고 있어 놀라게 했다. 루키는 사육사만 없으면 우리를 탈출해 양양이를 찾아갔다. 종을 뛰어넘어 사랑을 나누는 루키와 양양이의 사연을 보면서 탈출까지 감행할 수 있는 사랑을 해 보지 못한 나로서는 부러웠다.

농장에서 유일하다는 루키가 갑자기 우리를 탈출했다. 루키가 찾아간 곳은 양들이 있는 우리 앞. 루키가 그곳에서 만난 건 한 마리의 양, 양양이었다. 둘은 눈이 맞았고, 서로 좋아서 돌아다녔다. 주인의 도움으로 둘은 산책을 하며 시간을 보냈다. 잠시 뒤 각자의 우리로 돌아가야 했고, 양양이는 헤어지기 싫다는 듯 루키의 우리 주변을 맴돌기만 했다. 저렇게 좋을까 싶었다.

우리에 들어간 양양이 앞에는 남자친구 양군이가 나타났다. 남자친구가 있는데 양군이를 거들떠보지도 않았다. 아직 새끼도 낳지 못하고 있었다. 또 다시 우리를 탈출한 루키는 양양이의 우리로 향했다. 입으로 우리 문을 연, 루키는 양양이를 보기 위해 우리로 들어갔다. 루키는 다가오는 양군이까지 몸으로 떼어놓으며 양양이를 지켰다. 루키의 대단한 사랑이 빛나는 감동적인 장면이었다.

루키의 사랑을 보면서 어느 소설에서 읽었던 사랑의 이야기가 떠올랐다. 할머니는 뼈대 있는 집안으로 자식들에게 가정교육을 통해 가정의 윤리의식을 심어 주었다. 특히 여자는 육성이 담을 넘으면 안 되고, 매사에 행동거지를 조심해야 한다고 입버릇처럼 강조했다. 마을에서 누구네 집 자녀가 바람을 피거나 소문이 무성하면 가차 없이 할머니의 입에 오르며 재단되었다.

그러던 어느 날, 할머니의 손녀인 처녀가 초저녁에 사라지고 말았다. 할머니 집에서는 손녀를 찾느라 집안이 발칵 뒤집혔다. 할머니는 그동안 한창 사춘기였던 손녀의 일거수일투족에 눈치를 채고, 단속한답시고 저녁이 되면 일찌감치 대문을 잠그고 방문도 단속했다. 몇 번이고 말로 훈육하고 강조했지만, 몸이 달아 집을 나간 것은 처음이었다. 할머니는 내 집의 자식이 동네 사람들 입에 오르게 되면 망신을 당할까 노심초사였다.

사랑이 시작된 처녀는 할머니의 단속과 구속이 심할수록 정신적으로 반발심이 더욱 크게 작용했고, 그때마다 호시탐탐 기회를 모색했고, 하루가 멀다 하고 저녁만 되면 탈출을 시도하곤 했다.

둘의 불붙은 사랑은 하루가 멀다 하고 담을 넘었고, 낮에 들어오면 다리가 부러지지 않을 정도로 회초리를 가했지만, 마른 장작 타오르듯 지펴진 사랑은 꺼질 줄 몰랐다. 결국 둘의 열정적인 사랑은 꽃을 피웠지만, 할머니는 마을 사람의 손가락질이 무서워 대문 밖을 나서지 못했다.

70년대 시절, 가풍을 중시했던 할머니가 노여워하고 역정을 냈던 것은 지금처럼 개방된 사랑과 연애를 받아들이지 못했던 시대 탓이었다. 지금 생각하면 얼마나 정열적이고 용감했던 멋진 사랑인가. 하지만 그 시절만 해도 처녀가 밖으로 나돌아 다니며 문제를 일으키면 손가락질과 천대를 받곤 했다.

보통 이종(異種) 동물 간의 사랑이라고 하면 개와 고양이 간의 사랑스러운 장면이 떠오른다. 주위에서 많이 보고 들어왔기 때문이다. 하지만 이 외에도 원숭이와 고양이, 개와 치타 등 많은 동물들이 사랑과 우정을 나누는 장면들을 보아왔다. 만물의 영장(靈長)이라고 하는 인간인 내가 아파트에 살면서, 과연 가까이에 살고 있는 이웃들과 말 한마디라도, 엘리베이터 안에서 눈인사라도 살갑게 나누며 살아왔는지 부끄럽다.

앨런 쇼엔의 〈닮은 골 영혼〉이란 책에 사람과 동물간의 실화를 바탕으로 하는 가슴 뭉클한 이야기가 있다. "애완동물"과 "주인"이라는 말보다, "동물"과 사람친구"라는 말을 더 좋아한다고 했다. 동물을 대할 때 함께 삶을 살아가는 친구로 바라보는 시선으로 생각하자는 말이다. 반려동물이라는 문구보다도 더 좋은 상위개념의 문구가 아닌가 싶다.

동물들이 진정 원하는 것은 무엇일까. 멋진 옷과 액세서리로 치장해 주고, 값비싼 용품들을 사주기 바라는 것일까. 아니다. 찌그러진 양동이에 밥을 먹고, 흙바닥에 뒹굴며 잠을 자게 되더라도, 보다 가치 있게 느끼게 해 주고, 행복하게, 건강하게 만들어 주기를 바랄 것이다. 오로지 하나, 사람들과 형성된, "진실된 사랑의 유대감"이 아닐까 싶다.

개만도 못하다는 말이 있다. 사람이 얼마나 못된 일을 저지르거나 취급을 받으면 그런 소리를 들을까. 동물들이 순애보적인 사랑을 할 때, 나는 그런 사랑을 해 보지 못했다. 반려견이었던 희망이가 주인만을 위한 충성을 할 때, 진실된 마음으로 대했는지, 어느 날 합병증으로 고생하는 모습을 지켜보면서 손도 써보지 못하고 보내야 했던 개만도 못한 나였다.

동물만큼 애틋한 사랑도, 처녀처럼 열정적인 사랑도 해보지 못했다. 루키와 같은 종을 뛰어 넘는 배짱이나 용기는 물론 일편단심의 지고지순함도 없었고, 처녀의 마른 장작처럼 타오르는 불같은 사랑의 용기도 없었다. 그저 물처럼 바람처럼 순리대로, 보통 사람들이 살아가는 것처럼 평범하게 지내왔다. 남보다 특별하기보다는 몸과 마음이 안주하는 삶을 살아왔다.

때론 동물처럼 지고지순하게, 처녀처럼 격정적이고 정열적인 삶을 구가하고 싶다. 인생의 고개를 넘어서 내리막길을 걷고는 있지만, 모든 일은 시작이 반이라고 했다. 오로지 남녀관계의 사랑보다는 모든 사물이나 인과관계에 있어 폭 넓은 사랑을 하고 싶다. 내게도 주어진 삶에서 미력하나마 열정과 사랑이 꽃피울 수만 있다면 몸과 마음을 던져 불사르리다. 루키의 사랑을 통해 동물과 사람친구를 깨닫게 해 준 것도, 처녀를 통해 젊은 시절 도발적인 사랑을 일깨워 준 일도 내겐 모두가 소중한 추억이고 정신적 자산이다. 【2018.10.15.】

소소(小小)한 일상의 문학적 형상화

— 류인복 수필집 『흔적 찾기』 평설

우종상
대신대 특임교수, 문학평론가, 문학박사

1. 들머리

류인복 수필가의 수필들은 마치 아침 이슬을 머금은 풋풋하고 싱그러운 풀잎과 같이 결코 때 묻지 않고 청초한 자연 그대로의 작품들이란 것을 누구나 쉽게 알 수 있을 것이다. 난잡하거나 군더더기의 수식으로 화려하게 치장하여 꾸민 모습이 아니라, 순수하고 수수한 언어의 형용으로 친근감을 느낄 수 있는 수필다운 수필의 글이 그가 추구하는 수필 문학의 근간이라고 할 것이다.

그의 수필집 『흔적 찾기』에는 1부 〈하루 귀양살이〉(9편)와 2부 〈그분 아니세요〉(9편)와 3부 〈가을 운동회〉(9편)와 4부 〈시니어 프리패스〉(9편)와 5부 〈반려견〉(6편) 등 도합 5부 42편의 수필들이 올망졸망 자리하고 있다.

작가가 태어나고 자란 민통선 부근, 고향 연천에 대한 애정 어린 시선의 그리운 추억과 잊을 수 없는 간절한 그리움을 바탕으로 결혼과 가정생활의 소소(小小)한 정감 어린 내용들과 나름대로 힘겨웠던 직장 생활에서 부대끼며 생활하는 중 잊을 수 없는 숱한 사람들과의 교감에서 느낄 수 있었던 감사한 이유와 심지어 요즘 사회적으로 대두(issue)되는 반려견에 대한 직, 간접적인 생각 등 다양한 개인적이며 사회적인 문제까지 폭넓게 다룬 수필집이라고 할 수 있을 것이다.

2002년부터 2022년까지 지난 20여 년간의 수필 작품들이 창작연도를 뚜렷이 밝히고 있음은 무엇을 의미할까?

흔히 역사 서술체제는 편찬 방법에 따라 인물 중심의 서술인 기전체(紀傳體)와 연(年), 월(月), 일(日)별로 사실을 서술하는 편년체(編年體)와 사건 중심의 서술인 기사본말체(紀事本末體)로 분류하는데, 문학 작품인『흔적 찾기』는 편년체와 기사본말체를 혼용하여 정확한 창작연도와 부수적인 사건의 개요에 작가의 서정적이며 주관적인 생각과 느낌을 덧붙여 서술하고 있음은 작가의 꼼꼼하고 세밀한 창작 의도가 반영된 것이라고 생각할 수 있다.

그의 수필집을 읽으며 노자(老子)의 도덕경(道德經) 21장에 나오는 다음 구절이 연상되었다. "빛나되 번쩍거리지 않는다"는「광이불요(光而不耀)」가 류인복 수필집의 요체(要諦)가 아닐까 한다. 노자는 새벽녘 아침 햇살이 퍼지기 전 어둠을 걷어내고 밝음으로 천지만상을 밝히는 빛살을 미명(微明)이라고 하였는데, 미(微)가 새벽의 미미(微微)한 햇살이라면 명(明)은 밝음의 뜻이니 곧 수필을 통하여 미망(迷妄)에서 자기를 찾아가는 과정의 글들이 류인복 수필의 요체(要諦)라고 할 것이다. 그의 수필들은 문학적인 향기를 야단스럽게 드러내지 않지만, 은은하고 은근하게 마치 '난향 천리, 인향 만리(蘭香千里, 人香萬里)'라는 말과 같이 수필 문학의 속살을 자연스럽게 드러내고 있다고 할 것이다.

수필(隨筆)은 인생과 자연에 대한 체험과 관조의 내용을 형식에 구애받지 않고 자유롭게 표현한 문학적 산문의 한 갈래라고 정의한다.

아울러 수필 문학의 특성은 대체로 다음과 같이 규정을 한다.

첫째, 형식의 자유성(自由性)이다. 무형식의 문학, 이것은 형식이 다양하다는 것이지, 아무렇게나 써도 된다는 뜻은 아닐 것이다.

둘째, 소재의 다양성(多樣性)이다. 수필의 소재는 다양하며 무제한적이라고 할 수 있다.

셋째, 개성적(個性的)인 문학 양식이다. 결국 수필은 주관성에 바탕을 둔 자기 고백적인 문학이라고 할 것이다.

넷째, 관조적(觀照的)인 성격의 글이다. 표면적인 사실만을 쓰지 않고 현실을 재해석하는 심미적, 철학적 가치가 드러나는 글이다.

다섯째, 비판 의식과 해학성(諧謔性)이다. 이것은 수필 문학에서 지성이 정서적으로 처리가 되며 마음의 여유에서 비롯되는 유머, 위트가 요구된다는 뜻으로, 규정이 된다는 의미로 해석이 가능하다.

여섯째, 간결한 산문성(散文性)의 글이다. 결국 정서적 감동의 효과를 위해 간결하게 쓰이는 산문이 수필이라고 정의할 수 있다는 말이다.

위의 정의에 비춰보건대 류인복 수필들도 수필 문학의 본령(本領)에 충실하다고 할 수 있지 않을까 한다.

인간들은 누구나 자신만의 이야기를 담고 살아간다고 한다. 개인의 소중한 경험담이나 생활 중 느끼고 성찰한 것들은 개인의 소중한 인생역정(歷程)이며 곧 그 사람의 정체성(正體性)이라고 할 것이다. '나'와 다른 '남'을 이해하고, '남'과 다른 '나'의 존재 의미를 찾고 서로 간 공존하기 위해서 우리 각자는 자기 자신의 내면을 성찰하고 세계를 관조하는 자세가 필요하다고 할 것이다. 이런 의미로 볼 때, 류인복 수필가의 작품들은 곧 자신에게 투영된 또 다른 자아를 찾아가는 것이 아닐까 한다.

> 우리 모두는 인생 스토리를 지닌다. 그것은 내면의 내러티브(narrative)로서 그것의 지속성과 감각은 곧 우리의 삶이다. 우리 모두는 내러티브를 구성하며 그 안에 사는데, 이 내러티브야말로 우리 자신이며 우리의 아이덴티티(identity)이다.
>
> 만약 우리가 어떤 사람에 대해서 알고 싶다면 "그의 마음 깊숙한 곳에 있는 진짜 스토리는 무엇인가?"라고 물어보면 된다. 우리 인간은 결국 하나의 스토리, 곧 하나의 전기(傳記)이기 때문이다. 우리 각자는 모두 지각, 느낌, 생각, 행동, 담론 등을 통해 지속적으로, 또 무의식적으로 구축되는 자신만의 고유한 내러티브이다. 생물적으로 또 생리적으로 우리는 서로 별반 다르지 않다. 그러나 하나의 내러티브로서 역사적으로 보자면 모든 사람은 저마다 독특하다.
>
> — 올리버 삭스: 조셉 골드, 이종인 역,
> 『비블리오테라피(Biblotheraphy)』 북키앙

내면을 성찰하는 글쓰기는 일기, 수필, 감상문, 자서전 등이 해당되는데 그중에서도 수필 문학이 가장 현학적(衒學的)이지 않으면서 자연스럽게 내면을 성찰하는데 필요적절한 문학적 장르(genre)가 아닐까 한다.

류인복 수필집 『흔적 찾기』는 표제(標題) 그대로 자신의 지나온 일들을 반성하며 깊이 살피는 내용이 주가 될 것이다. 자신의 행동과 판단과 생각 등을 뒤돌아보고, 그 의미를 깊이 있게 새겨보는 일이

성찰(省察)이라고 한다면, 그의 수필집과 같이 자신의 자취를 돌아보는 과정에서 이루어지는 글쓰기는 억압되고, 감춰졌던 자신의 내면을 재확인하고 객관화되는 과정에서 하나의 작품집으로 탄생된다고 할 것이다. 그의 수필집『흔적 찾기』는 다시 말하면 작가 자신의 내면을 들여다보며 객관화하여 보다 성숙된 경지로 나아가게 하는 견인차(牽引車)가 될 것이며 독자들에게는 자신의 삶과 비교하여 보는 타산지석(他山之石)의 효과도 제공할 것이라고 단언한다.

문학 작품은 작가의 정서와 사상을 문자 언어로 표현한 것이라고 한다면, 류인복 수필가의 작품들은 작가와 독자가 공감하고 공유하는 교집합의 동심원에서 누구나 가질 수 있는 원초적 내면 의식의 정서를 가진다는 점에서 문학적 의의를 가질 수 있을 것이다.

2. 몸말

수필(隨筆)은 자신의 경험이나 느낌 따위를 일정한 형식에 얽매이지 않고 자유롭게 기술한 산문 형식의 글이다. 수필(隨筆)이란 어휘의 뜻은 글자 그대로 '붓 가는 대로 쓰다'라는 뜻이라고 하겠다. 이 말은 곧 별도의 형식이나 소재의 제한이 없다는 비교적 자유로운 형식의 글이라는 것을 의미한다고 하겠다. 그렇다고 하여 모든 글이 수필로서 생명력을 가진다는 것은 아닐 것이다.

수필 쓰기에서 고려할 것은 첫째, 통찰력(洞察力)이다. 수필의 소재는 화자인 '나'를 둘러싼 모든 것이 될 수 있으나, 그 안에서 작가가 평소 대상에 대한 관찰이 동반(同伴)되었을 때, 독자들은 친근감을 느끼며 작품 속에 몰입(沒入)될 수 있을 것이다.

류인복 수필가의 작품들도 우리 모두의 공감대인 자아와 타자의 생활상에서 일어날 수 있는 제재가 작품의 주를 이루기에 훨씬 친근감을 느끼며 나의 이야기로 인식하며 읽을 수 있을 것이다.

둘째, 수필을 쓸 때 참작해야 할 것은 주제의 명확성(明確性)이다. 어느 글에서나 마찬가지겠지만, 전달하고자 하는 메시지(message)가 뚜렷하게 존재하여야 하지 않겠는가? 주제가 뚜렷하지 않은 글은 자칫 산만한 전개가 되어 신변잡기(身邊雜記)를 전달하는 것에 불과해 독자들로부터 공감을 이끌어내기가 힘들 것이다. 이런 관점에서 류인복 수필가의 수필들은 주제가 뚜렷하여 독자와 쉽게 공감대를 형성하게 된다고 할 것이다.

셋째, 수필을 쓸 때 생각하여야 할 것은 진정성(眞正性)이라고 할 수 있을 것이다. '나'에 대한 진솔(眞率)한 자세가 들어가지 않으면, 독자의 공감을 얻기 어려울 것이다. 과거의 다양한 경험들이 글 속에 솔직하게 녹아들어 있으며, 그 경험에 대한 진솔한 고백은 그와 비슷한 삶의 여정(旅程)을 지나온 독자들로부터 마음 깊은 공감을 얻을 것이다. 멋있는 문장으로 시작하든, 그럴싸한 미사여구(美辭麗句)로 장식하는 것보다는 훨씬 더 기억에 오래 남는 글이 될 것이요, 글을 쓰는 자기 자신에게도 의미 있는 기회가 될 것이기 때문이다.

류인복 수필가의 수필도 진실로 포장된 진정성의 글들이기 때문에 독자들은 오래오래 수수한 소심란(素心蘭)과도 같은 은은한 문향(文香)을 느낄 수 있을 것이다.

류인복 수필가는 자서(自序)에서 말하기를 "퇴직하고 나니 우물 안 개구리로 세상 물정 어둡고 모든 것이 낯설어 답답했다. 소처럼 살아왔는데 낯선 들판에 홀로 남겨진 인생인가 싶을 정도로 막막하고 혼란스러웠다."고 근황을 서술한 후, 이어서 "퇴직은 이제 새로운 삶의 시작인 것이다. 지금까지 삶은 도전이었고, 앞으로의 삶도 도전의 시작이다. 하고자하는 것에 문을 두드리고 한걸음씩 내딛으며 열어나 갈 것이다. 그것만이 내가 살아있음을 깨닫고 즐길 수 있는 일이다." 라는 그의 술회(述懷)에서 수필 쓰기의 단초(端初)가 나타나고 있음을 짐작하게 된다.

"글을 쓰는 이유도 그중 하나이다. 나의 삶을 돌아보고 하나씩 조각하듯 마음에 낀 이끼는 씻어내고, 모난 마음도 도려내는 일이다. 거친 말투와 조급한 행동까지도 마음먹은 대로 다듬고 수련함이다. 흔적 찾기는 추억을 소환해 바른 길로 인도하는 안내자이다."라는 작가의 진솔한 고백에서 그의 수필 쓰기의 목적까지도 우리는 소환할 수 있지 않을까?

1) 1부 〈하루 귀양살이〉 9편에서는 지극히 소소한 생활 중에 부대끼고 느낀 삶의 궤적(軌跡)들이 생생하게 제시되어 독자들과의 문학적 교감을 이루고 있다.

> 베란다 창고를 정리하다가 책 묶음이 나왔다. 달력지로 포장된 끈을 풀자 사보(社報) 등 각종 월간지들이 모습을 드러냈다. 잠들고 있었던 책들은 계절이 바뀌면서 멍도 들고 곰팡이도 쓸고 진물도 생겼다. 습기를 먹은 책은 눌어붙어 분리하는 과정에서 표지가 찢어지기도 했다. 잘 보존(保存)하지 못한 탓이다. 오랜 시간 잊고 지냈던 추억의 보물창고를 되찾은 것 같아 마음이 설렜다.
>
> … 중략 …
>
> 사보는 삶의 이정표를 제시해 주기도 한다. 추억을 그리워하면서 살아가는 게 인간이다. 평생 추억할 수 있는 것 중에 하나는 기록물

이라고 할 수 있다. 인간이 기억할 수 없는 것까지도 되새김하듯 생생하게 느낄 수 있는 것이 기록물이요, 사보의 기능이다. 그 속에서 자신을 돌아보게 되고, 미래에 대한 소박한 꿈이나 거대한 이상도 펼칠 수 있는 것이 아닐까.

짧은 시간 동안 길었던 추억의 보물창고로 여행을 다녀온 기분이었다. 살면서 추억이 그리울 땐 보물창고에서 낱장을 넘겨야겠다. 그곳에는 투박하지만, 진정한 슬픔과 기쁨이 녹아 있고, 사랑과 행복이 듬뿍 담겨져 있기 때문이다. 사보는 내 마음을 다스리게 하는 영원한 보물창고이다.

—「보물창고(寶物倉庫)」 일부

류인복 수필가에게 보물창고는 무엇일까? 그것은 그가 손수 온 마음과 뜻과 정성으로 쓴 마치 자식과도 같은 수필들이 아닐까? 그렇기에 그는 가끔 그의 애장품과도 같은 귀중한 유산인 작품들을 다시 꺼내어 읽어보며 생활의 활력을 찾지 않았겠는가 생각한다.

사람마다 각자가 애착을 가지는 소중한 것들이 있다고 한다면, 류인복 작가는 작품들을 통하여 사람들에게 알려지게 되었으며, 홍보, 편집위원도 맡아 마치 글쓰기가 그의 천직이 되는 소명 의식을 가지게 되었을 것이다. 글의 내용으로 유추하건대, 그의 글쓰기는 일기를 꾸준히 적는 취미생활이 단초(端初)가 되지 않았을까 짐작하게 되며, 그의 애착물은 바로 그가 모든 것을 투자해 일구어낸 그의 분신인 작품들이 될 것이다.

사보가 그가 살아온 날들의 흔적이라면 글에 대한 남다른 열정으로 밤을 새워가며 한 줄의 글을 짓기 위해 가슴앓이를 하였다는 그의 고백에서 그의 수필 문학에 대한 지고지순한 애정을 느낄 수도 있지 않을까 한다. 특히 눈길을 끄는 것은 작가가 가장 마음이 끌리는 글이 될 것이며, '사람 사는 이야기'로 한 가족의 살아가는 이야기를 내레이션(narration)으로 실은 글이 「보물창고(寶物倉庫)」라고 할 것이다. 네 쪽 분량으로 작가의 가족들이 단란했던 한때를 사진과 함께 잘 설명해 놓은 글이라고 한다. 아마, 류인복 수필가에게 있어 가장 평화롭고 행복한 시절이라는 그의 술회(述懷)가 더욱 진정성 있게 피부에 와 닿는 고백이 아닐까 생각한다.

> 내 기억력이 언제까지 유효할 수 있을까. 파일손상처럼 나이 들어가면서 점점 감퇴할 것이다. 그래도 내 기억력을 사랑한다. 비록 많은 기억들을 인출해 내는 능력은 워드만 못하지만, 워드가 가지고 있는 투박하고 냉동고에 저장되어 있는 느낌보다는 꿈틀거리는 기억들의 살아있는 느낌이 좋기 때문이다.
>
> 파일 손상의 장단점과 내 기억력의 한계를 잘 융화시켜 워드를 내 비서로 활용해야 할 일이다. 컴퓨터가 일상화된 요즘, 옛것을 고집하기보다는 새것을 내 것으로 만들어 나만이 가지고 있는 살아 숨쉬는 이야기를 그려내고 싶다.
>
> —「파일 손상」 일부

작가에게 있어 글 쓰는 일이란 어떻게 보면 운명이 아니라 숙명이지 않겠는가?

칼럼니스트 조용헌은 '운명(運命)은 바꿀 수 있지만, 숙명(宿命)은 바꿀 수 없다'고 말한다. 그는 말하기를 "한 국가의 운명은 60년을 주기로 순환하고, 한 개인의 운명은 10년을 주기로 순환하는데, 운명이 똑같이 반복된다는 뜻이 아니다"고 한다. 이것은 10년 주기마다 오는 비슷한 환경에서도 10년 전과 비슷한 선택을 하기에 운명이 반복되는 것이라는 것이다.

이런 각도에서 고찰하건대, 류인복 수필가에게 있어 글쓰기도 운명이 아닌 숙명이란 견해가 더 보편타당한 것이 아닐까?

글을 쓰고 난 후, 그 파일이 날아가고 난 후의 허전함과 망연자실함이란 무엇에 비길 수 있을까? 애지중지한 그의 분신이기도 한 원고 파일에 대한 남다른 애정을 유추할 수 있는 수필이 바로 위의 「파일 손상」이 된다고 할 것이다.

그가 생활 중 듣고 느끼고 본 내용을 수필로 작품화한 것 중의 하나가 「오(烏)」가 될 수 있을 것이다.

> 숲속의 정원에는 새무리 중에 늘 까마귀 한 쌍이 붙어 다니곤 했다. 서로 깃털을 물기도 하고 사랑싸움을 하듯 가지 나무를 옮겨 다니며 싸우듯 요란했다. 색깔이 검고 크기도 비슷해서 암수를 분간하긴 어렵지만, 부리로 목덜미를 물고, 엎치락뒤치락 부러우리만치 소란스러웠다. 한시도 떨어지는 모습이 아니다. 검다는 선입견을 지우니 까마귀 한 쌍이 적극적이고 열정이 넘치는 멋진 놈이다.
>
> 직원들은 그 까마귀를 한 쌍의 부부라고 칭했다. 숲속의 정원에서만큼은 인기 있고 주목받는 까마귀였다. 검은색의 덩치가 크고 목소리까지 굵직해 독보적인 존재였다. 어느 날, 까마귀 한 마리가 옥상에 타 죽어 있었다. 옥상 옆으로 전신주가 높이 서 있는 것으로 보아 전깃줄에 감전 사고를 당한 듯했다. 몸과 날개가 불에 탄 듯 눌어붙었고 몸뚱이는 파열되어 몹시 안쓰러웠다.
>
> 대형조류로서 날개나 큰 체구로 인해 착지 중 두 전선에 동시 접촉해 발생한 일이 아닌가 싶다. 심각한 경우에는 조류감전사로 단전

사태가 발생할 수도 있다고 한다. 이런 사고는 일어나기 힘든 사고로 안타까운 까마귀의 운명이다. 많은 새들이 동료의 죽음에 슬픔을 느끼지만, 특히 까마귀는 특별한 것 같다.

… 중략 …

까마귀는 다른 종의 아기 새들과 달리 부모에게 많은 것을 배운다. 사람이 자기 자식에게 교육을 시키듯, 부모 새는 아기 새에게 나는 법, 우는 법 등을 가르친다. 사람이나 동물이나 겉만 보고 단정 짓는 것은 선입견일 뿐 금물이다. 까마귀를 흉조라고 단정 짓고 멀리하는 것은 사람들이 만들어낸 이미지에 불과한 것이다. 오랫동안 사람들과 살아온 똑똑한 새, 까마귀에 대한 오해가 불식되고 새롭게 인식돼야겠다.

늘 그랬던 것처럼 오늘도 까마귀가 정원 나무 꼭대기에서 까~악 까~악 울어댄다. 불길하거나 재수 없다는 생각보다는 긍정적인 생각을 먼저 갖는다. 먹잇감을 찾는 것일까, 이젠 새 짝을 찾는 것일까. 오늘은 좋은 소식이 있으려나, 엷은 미소를 지으며 응시한다. 부부 까마귀의 삶과 정신을 되돌아보게 한다.

—「오(烏)」 일부

사물과 생태에 대한 유별난 관심과 관찰이 문학 작품의 또 다른 특성이라면, 류인복 수필가의 까마귀에 대한 각별한 애정에서 그가 가지고 있는 동물 사랑의 심도(深度)의 깊이를 짐작하게 한다.

그의 수필 「오(烏)」를 읽으면 마치 김규련의 수필 「거룩한 본능(本能)」이 연상이 됨은 어떤 이유일까? 김규련은 화전민 마을에서 일어난 황새 사건을 다루면서, 황새 부부를 통하여 사랑의 거룩하고 아름다움을 이야기하고 있다면, 류인복 수필가는 작가의 시각으로 잘못된 선입견을 가지고 있는 까마귀에 대한 작가의 애정 어린 시각을 작품에 투영(投影)하고 있다고 하겠다.

조류학자 윤무부는 후투티를 가장 좋아하신다고 한다. 그러나 류인복의 수필을 읽으니 작가는 대체로 소외당하는 새인 까마귀에 대한 특별한 애정을 가지고 있다는 것을 짐작할 수 있을 것이다.

인조 때, 홍만종이 지은 『순오지(旬五志)』에 다음과 같은 사자성어(四字成語)가 나온다. '오비이락(烏飛梨落: 까마귀 날자 배 떨어진다)', 이 말은 곧 아무 관계없이 한 일이 우연히 동시에 일어나, 다른 일과 관계된 것처럼 남의 혐의를 받는 것을 이르는 말이라고 한다. 이와 비슷한 말로는 『명심보감(明心寶鑑)』에 나오는 '과전불납리 이하부정관(瓜田不納履 李下不整冠)'도 오해를 살 만한 행동을 처음부터 삼가라는 뜻으로 흔히 사용되고 있는 말이다.

물론, 비슷하게 잘 쓰이는 속담으로는 '까마귀 고기 먹었나?'와 '밤에 까마귀 울면 나쁜 일이 일어난다'가 있다. 또 다른 말로는 까마귀의 단순집합체인 생태적 습관을 차용하여 '오합지졸(烏合之卒)'이란 말도 두루 사용되고 있는데, 여하튼 까마귀에 대한 관습적 상징은 대체로 흉조(凶鳥)가 아닐까 생각된다고 하겠다.

고전소설인 허균(許筠)의 홍길동전(洪吉童傳)에도 까마귀에 대한 기사가 나오는데, 홍 판서의 첩인 곡산 출신의 초란이 자객인 특재에게 길동을 죽이라고 이르는 부분이다.

> 60. 곡산모 초란이 크게 기뻐하면서, 다시 특재를 불러 사정을 자세히 이야기하고, 오늘밤에 급히 행하게 하니, 특재가 그렇게 하겠다 하고 밤들기를 기다렸다.

61. 한편, 길동은 그 원통한 일을 생각하니 잠시를 머물지 못할 바이지만, 상공의 엄령이 지중하므로 어쩔 수가 없어 밤마다 잠을 설치고 있었다. 그런데 그날 밤, 촛불을 밝혀 놓고 『주역』을 골똘히 읽고 있는데, 까마귀가 세 번 울고 갔다. 길동은 예감이 들어 혼잣말로,

62. "저 짐승은 본래 밤을 꺼리거늘, 이제 울고 가니 심히 불길하도다."

— 경판(京板), 『홍길동전』 일부

그러나 일부 까마귀에 대한 부정적 견해가 지배적이지만 그렇지 않은 경우도 보인다. 『성경』 창세기 8:6~7에 "사십 일을 지나서 노아가 그 방주에 낸 창문을 열고, 까마귀를 내놓으매 까마귀가 물이 땅에서 마르기까지 날아 왕래하였더라"라는 기사에서의 까마귀와, 물이 마름을 알고 노아의 방주로 돌아온 비둘기의 고사가 보인다.

우리의 텃새인 까마귀는 자오(慈烏), 자조(慈鳥), 한아(寒鴉), 반포조(反哺鳥), 효조(孝鳥)라고도 부르는데, 그중에서 가장 일반적인 명칭은 효조(孝鳥)가 아닐까 한다.

조선 후기의 가객인 박효관(朴孝寬)의 시조가 작가 미상으로 고종 22년 간행된 화원악보(花源樂譜)에 보인다.

뉘라셔 가마귀를 검고 흉(凶)타 하돗던고
반포보은(反哺報恩)이 긔 아니 아름다온가
사람이 저 새만 못함을 못내 슬허하노라

반포보은(反哺報恩)이란 까마귀 새끼가 다 자란 뒤에 늙은 어미에

게 먹이를 주어 은혜를 보답한다는 말로 박효관은 부모의 은혜에 보답하라는 뜻으로 까마귀를 인용했으리라고 추측된다. 여기서 나온 어휘가 반포지효(反哺之孝)라고 한다.

물론 류인복 수필가도 여말(麗末), 선초(鮮初)의 문신 이직(李稷)의 고시조도 인용하여 더욱 수필의 격을 높이고 있다.

> 가마귀 검다 하고 백로야 웃지 마라
> 것치 거믄들 속조차 거믈소냐
> 아마도 것 희고 속 검을손 너뿐인가 하노라

고려가 망하자 고려의 유신(遺臣)들은 절의를 지키며 초야(草野)에 묻혀 망국의 한(恨)과, 새 왕조에 가담한 자들에 대한 비난의 화살을 던졌다. 이에 새 왕조에 가담한 이들은 처신에 대한 자기 합리화와 변명을 정당화하며, 아울러 소인배(小人輩)에 대한 훈계를 하기 위한 방편의 수단이 바로 이직의 고시조가 아닐까 생각한다.

까마귀의 문학적 차용(借用)은 개화기 신소설(新小說)에서도 그 흔적을 찾을 수 있을 것이다. 1908년 황성서적업조합에서 발행한 안국선(安國善, 1878~1926)의 『금수회의록(禽獸會議錄)』 '제1석, 반포지효(反哺之孝)—까마귀'가 그 예이다. 이것은 의인화된 8가지 동물들이 등장하여 연설을 통해 인간 사회를 통렬하게 풍자한 우화소설로, 국권 수호의 자주 의식을 고취하고 있음은 주목할 필요가 있을 것이다. 여기서는 까마귀가 연단에 올라, 인간들의 불효(不孝)를 비판하면서 '반포지효(反哺之孝)'를 자랑한다는 것이 소설의 주된 내용이다.

2) 2부 〈그 분 아니세요〉에 보이는 9편의 작품에서는 작가의 말

대로 추억을 소환해 반추해보고자 하는 창작 의도가 다분히 반영되었다고 할 것이다. 특히 살아가면서 잊을 수 없는 사람들과 끈끈한 정(情)을 생각하면서, 자기 자신의 올곧은 삶을 성찰하고자 하는 마음의 다짐과 자세가 잘 표출되어있다고 할 수 있을 것이다.

출근길, 현관에서 큰 녀석의 신발을 보는 순간 눈시울이 붉어졌다. 바닥에 가지런히 정리된 신발 중 마지막에 들어온 신발이 겹쳐진 채 놓여 있었고, 마치 천리를 숨 가쁘게 달려온 파발마의 해진 말굽처럼 느껴졌기 때문이다. 캐주얼로 매번 그 신발을 신고 와 안쓰러운데 오래 신어 밑창이 닳았고 입구가 벌어져 색까지 하얗게 바랬다. 아내에게 울컥 치밀어 오르는 눈물을 눈치 챌까 현관 문 밖으로 나갔다.

… 중략 …

형편이 어려워 소유하고 싶은 것들은 대부분 슬픔으로 돌아왔다. 울며불며 투정부려보지만 끝내 단념하며 스스로 삭여야 했던 어린 시절의 일면들, 일찌감치 모든 것은 쉽게 소유할 수 없음을 깨달은 시기였다. 그 시기 어머니의 고무신 선물은 큰 감동이었다. 긴 기다림 끝에 주어지는 고무신, 콩알만 한 가슴에도 가슴 벅찼던 신발이었고, 소유했다는 큰 기쁨의 행복이었다.

요즘같이 물질 만능시대엔 쉽게 구입하고 즐길 수 있는 것들이 널려 있다. 풍족한 삶일수록 어려운 환경 속에서 살아가는 사람들을 잊기 쉽다고 한다. 녀석들이 사회생활 좀 서투르면 어떻고, 구매욕심에 마구 사들이면 어떠랴. 그것도 한때인 것을 말이다. 살아가면서 시행과 착오를 거쳐 뉘우치고 깨달으리라. 그때 주위도 돌아보며 한 번 더 신중하게 생각하고 판단하는 안목도 가졌으면 하는 바람이다.

오늘도 현관엔 신발이 정리되어 있다. 모두가 적토마로 현관문을 나서면 생활의 전선이 시작된다. 소리 없는 전쟁터에서 신발은 병기와도 같다. 신발의 용도를 잘 알고 내 몸의 분신처럼 항상 관리하고 다룰 때 품위까지 유지할 수 있는 것이다. 한 켤레의 고무신까지도 내게 기다림과 즐거움, 그리고 깨달음을 전해준 신발이다.

—「신발」 일부

유년 시절 작가의 기억 속에 마치 들꽃과 같이 소담하게 자리하고 있는 고무신은 어머니가 오일장에 갔다 오시면서 행여나 고무신을 사 오시는지 장이 있을 때마다 사 달라 조르지는 못했지만 신작로(新作路)에 올라가 어머니가 타고 올 버스를 목 놓아 기다리는 것이 작가에게는 유일한 낙이었다는 술회에서, 유독 신발에 대한 작가 자신의 소망의 지대함을 짐작하게 된다.

그런 기억의 저편에서 다시 반추하여보면 출근길, 현관에서 큰 녀석의 신발을 보는 순간 눈시울이 붉어졌다는 것은 무슨 의미일까? 해진 신발에서 생활에 시달리는 아들의 실상을 접하는 것 같아 마음이 아픈 아버지의 연정이 아닐까? 어려운 생활 형편에서 꿋꿋하게 살아보기 위해 허리띠를 졸라매고 근검절약한 작가의 생활 철학이 아들까지 이어져 그 연장선상에서 살아야 한다는 아들을 향한 아버지의 애틋한 마음이 아닐까 한다.

어릴 때, 자기와 성년이 된 아들의 신발에서 오버랩(overlap)된 현실에서 느끼는 생활의 단상은 고단한 삶의 단면을 생각하게 된다.

지상(地上)에는
아홉 켤레의 신발.
아니 현관(玄關)에는 아니 들깐에는
아니 어느 시인(詩人)의 가정(家庭)에는
알 전등(電燈)이 켜질 무렵을
문수(文數)가 다른 아홉 켤레의 신발을.

… 중 략 …

연민(憐憫)한 삶의 길이여.
내 신발은 십구 문 반(十九文半).

아랫목에 모인
아홉 마리의 강아지야
강아지 같은 것들아.
굴욕(屈辱)과 굶주림과 추운 길을 걸어
내가 왔다.
아버지가 왔다.
아니 십구 문 반(十九文半)의 신발이 왔다.
아니 지상에는
아버지라는 어설픈 것이
존재한다.
미소하는
내 얼굴을 보아라.

위의 시는 박목월 「가정(家庭)」의 일부이다. 시인에게 있어 중요한 것은 언제나 작가의 내면이었고, 내면적인 시선이 머문 곳은 류인복 작가와 같이 가난한 생활 중의 시인이며, 무능한 가장으로서의 자기 자신이 아니었을까 생각한다. 박목월은 가장으로서 아버지 삶의 고달픔과 가족에 대한 애정을 주제로 하였다면, 류인복 작가도「신발」을 통해서 아버지의 책무에 따른 의무감과 가족에 대한 남다른 사랑과 미안함이 혼합되어 말로 표현할 수 없는 작가의 아가페(agape)적 가족애(家族愛)에 가슴이 먹먹하게 된다고 하겠다.

다음은『흔적 찾기』에서도 특이한 구성의 수필이 될 것이다.
「가을 단상」은 (1)황금들판, (2)양서는 좋은 친구, (3)대추나무의 짧은 단편으로 구성이 되어있다. 류인복 수필가는 서리가 내리고 들판에 곡식이 무르익어 가는 가을이 돌아오면, 고향인 휴전선 부근, 연천군 노곡리의 정경들을 생생하게 떠올린다. 그에게 고향의 추억들과 시골의 정취는 영원히 잊을 수가 없는 마음의 고향이며 안식처가 될 것이다.

그 옛날 고향집 울안 뒤곁으론 많은 과실수들이 심어져 있었다. 사과, 포도, 앵두, 배, 대추나무 등등. 그중에서도 떠오르는 것은 대추나무였다.

… 중략 …

가을이 돌아오면 도심에서 고향의 추억들을 반추할 수 있는 것만으로도 행복하고 감사한 일이다. 노력한 만큼의 대가가 주어진다는 진리를 깨달음이다. 양서 한 권 읽어 좋은 친구를 사귈 수 있다는 것도 내겐 간접적인 경험으로 가치 있는 일이다. 황금들판과 대추나무는 가을이 내게 베풀어준 또 하나의 소중한 선물이 틀림없다.

—「가을 단상」 일부

3) 3부 〈가을 운동회〉에 보이는 9편의 작품에서는 고향 친구와의 일화와 사랑하는 아들과 결코 잊지 못할 이야기가 주된 작품의 근간이 되고 있다. 가을 운동회와 아들의 수학여행과 어버이날의 에피소드(episode)와 아들의 입영에 관한 소회 등 가족과 얽힌 다양한 소화(小話)들이 각기 아기자기한 모습으로 표현되어 심금(心琴)을 울리게 한다.

4) 4부 〈시니어 프리패스〉 9편의 작품들은 나름대로 힘겨웠지만 보람이 있었던 직장 생활에서의 애환과 서예가로서의 자긍심과 아울러 통기타와 관련된 일화 등 작가의 생활 단면들을 예리하게 진술하여 공감대를 형성하고 있다.

그의 작품들을 읽으면 수필의 소재는 무궁무진하여 모든 생활 중의 상황 등이 문학적 소양으로 훌륭한 글감이 될 수 있음을 여실히 보여주고 있다.

5) 5부 〈반려견〉 6편은 독특한 시각의 작품들이 주를 이루고 있다. 대체로 반려견에 대한 내용의 수필들인데, 류인복 작가의 동물에 대한 따뜻한 사랑을 보여주고 있다고 하겠다.

반려견(伴侶犬)은 한 가족처럼 사람과 더불어 살아가는 개라면 유기견(遺棄犬)은 애완용으로 기르다가 내다 버린 개라고 정의를 한다.

어릴 적 누렁이의 실종사건으로 깊은 죄책감에 빠져도 보고, 어쩔 수 없는 현실 속에서 개장국을 즐겨 먹으며 성장했다. 요즘 반려견 강아지를 기르는 가족이 많아졌다. 도시에 살면서 반려견과 평생 친구가 되기란 어려운 줄만 알았다. 이해할 수는 있었지만, 늘 멀리서 바라보거나 스칠 때마다 귀엽다는 정도였다. 누렁이의 사건을 내 머리에서 영원히 지울 수 없었기 때문이었다.

—「반려견(1)」 일부

류인복 수필가의 뇌리에는 어릴 적 기르던 누렁이가 어느 새벽녘 다른 동물에 의해 실종된 사건으로 인해, 죄책감에 마음이 아팠으며 그 후로 아픈 상처를 안겨줄 것만 같아 개는 더 이상 키울 수가 없었다고 한다.

그러다가 희망이라는 4개월 된 몰티즈 종의 개를 지인으로부터 선물을 받고 귀염둥이라는 애칭과 함께 반려견이 되어 퇴근길에 현관 번호를 누르면 가장 먼저 꼬리를 흔들며 졸래졸래 반긴다고 하여 반려견 희망이와의 남다른 친밀감을 토로하고 있다.

이제 반려견은 가족에게 즐거움을 주기 위해 키우기보다는 반려동물로서 대중화되어 가고 있다. 아직도 목줄로 묶어 놓고 밥을 굶겨야 말을 잘 듣는다고 역설하거나, 생리현상의 마음을 읽지 못해 곤혹스러워했던 반려견의 비애는 애석한 현실이고 슬픈 일이다. 면사무소의 마스코트인 면식이의 예의바른 행동은 반려견으로서 부족함이 없음을 보여주었다. 함께 동반자로 살아가는 반려견을 키우는 이 시대의 주인이라면 사랑과 관심만큼 인격과 성품도 고루 겸비한다면 금상첨화겠다.

—「반려견(2)」 일부

아울러 류인복 수필가는 사회에서 주인에 의해 버려지는 유기견에 대한 애달픈 마음을 토로하면서, 동물에 대한 사랑의 필요성과 인간과 동물 상호간의 가족과 같은 정(精)이야말로 각박하고 메마른 우리 사회가 이상적인 사회가 되는 촉매제가 될 것을 확신하고 있다.

> 때론 동물처럼 지고지순하게, 처녀처럼 격정적이고 정열적인 삶을 구가하고 싶다. 인생의 고개를 넘어서 내리막길을 걷고 있지만, 모든 일은 시작이 반이라고 했다. 오로지 남녀관계의 사랑보다는 모든 사물이나 인과관계에 있어 폭 넓은 사랑을 하고 싶다. 내게도 주어진 삶에서 미력하나마 열정과 사랑이 꽃피울 수만 있다면 몸과 마음을 던져 불사르리다.
>
> —「사랑」 일부

류인복 작가의 지극한 동물 사랑에 대한 소견에서 이 사회가 좀 더 따뜻한 사랑이 넘치고, 인간과 동물이 공존하는 아름다운 사회가 되기를 바라는 류인복 작가가 소망하는 이상이 실현되기를 바라는 마음은 누구나의 바람이고 소망일 것이다.

3. 갈무리

문학(文學)은 인생의 거울이라고도 한다. 우리 인간들의 다양한 삶의 모습을 두루 비춰서 보여 주는 것이 바로 문학이라는 뜻이 아닐까 생각한다. 그렇다고 하여 거울이 이미 있는 사물을 단순히 반사해 보이는 구실만을 하듯이, 문학도 인생을 반영하기만 하는 것이라고 생각해서는 안 된다.

문학이라는 거울은 아주 특이해서 인간과 그 삶의 겉모양만을 비춰 보이는 데 그치지 않는다. 정신과 영혼, 그리고 감정이며 정서의 모양들, 그 이름 짓고 형태 짓기 힘든 다양한 모양새들을 비춰 보이기도 하는 것이다. 그러므로 문학은 인생의 거울이되 인생의 속까지를 비춰 보이는 거울인 것이다.

다시 말해서, 문학은 인생의 외면(外面)만을 반영하는 것이 아니라, 문학 아닌 다른 수단으로는 드러낼 수 없는 인생의 내면(內面)과 그 뒤안, 또는 저변(底邊)까지 파헤쳐 보이는 것이다. 그런 의미에서 인생의 거울이면서 인생의 착암기(鑿巖機)라고 할 수도 있을 것이다. 착암기가 광산에서 바위를 뚫어 광맥(鑛脈)을 캐내듯, 문학은 인생을 헤집고 그 숨은 진실을 캐내는 것이라 하겠다. 따라서 어떤 종류의 문학이든 문학 작품은 인생을 배우고 진실을 캐는 일이라고 할 것이다.

우리가 참다운 인간이기를 바라고, 또 인간이 무엇인가를 알고자 하는 한, 문학의 존재 이유는 극명(克明)하다고 할 수 있지 않을까 한다.

수필(隨筆)은 형식에 매이지 않고 듣고 본 것, 체험한 것, 느낀 것 등을 생각나는 대로 쓰는 산문 형식의 글, 또는 그러한 글투의 작품이며 사건 체계를 갖지 않으며, 개성적이거나 관조적이며 인간성이 내포되게 위트(wit)나 유머(humor)나 또는 예지(叡智)로써도 표현하는 문학 양식이라고 정의를 할 수 있을 것이다.

류인복 수필은 대체로 수필의 본령에 충실한 수필 문학으로서 독자에게 누구나 쉽게 다가설 수 있는 특성을 가졌다고 할 것이다. '문학다운 수필' 곧 문학으로서 지니고 있는 어떤 특성의 독특한 체계가 갖춰졌다는 말이 될 것이다.

이 말은 다른 말로 바꾼다면 '내면세계를 찾아서'라는 수필 문학의 지향점(指向點)이 될 수도 있을 것이다. 문학에서 형식과 내용은 둘이 아닐 것이다. 내용이 형식을 낳듯이, 형식은 내용을 가다듬는다. 건축에서 집 모양이, 그림에서 빛과 선과 모양이 어울린 양식이 각각 그 의미이듯이, 흔히 문학에서도 '형식이 곧 의미이다.'라고 이야기되고 있다. 따라서 수필 문학의 현대성을 논할 때도 당연히 이 말이 이야기되지 않으면 안 된다.

우리의 현대 문학이 산문에서는 '언문일치(언문일치(言文一致)'가, 시에서는 자유시 또는 내재율이 높이 일컬어졌던 것은 형식의 개혁 없이는 새로움이 있을 수 없다는 생각이 있었기 때문일 것이다.

현대의 수필 문학은 무엇보다도 관찰하고 분석한 결과를 정확하게 옮겨 적는 말을 요구하였다. '말에 의한 사진'이 현대 수필 정신이 내건 구호일 것이다. 수필 문학에서 나타난 기법상의 특색은 작품을 '언어의 구조화'로 본 것과 '내향화'하는 경향일 것이다. 언어가 가지고 있는 여러 요소, 예컨대 소리, 이미지, 기호 체계, 문장의 엮음새 등 외형적 요소 이외에 그 연상 작용, 상징성 등 내적 요소까지를 망라(網羅)해 이루어지는 '언어의 조작' 또는 '언어의 건축'을 지향하면서, 인간 영혼의 내면 의식의 바닥에 깊이 파고든 것이다.

결국 수필 문학은 인간들의 내면세계가 벽마다 비쳐져 있는 성전(聖殿)이 될 것이다. 이것을 흔히 '현대 문학의 신화성'이라고도 일컬어진다. 이런 의미에서 유추하건대 류인복 수필 문학의 특성은 인간 의식에 잠재된 꿈과 이상의 문학적 표출이라고 볼 수 있을 것이다.

그의 수필들은 한결같이 우리 주변에서 일어날 수 있는 소재들로 일상생활, 자연 및 사회 현상에서 파생될 수 있는 생각과 느낌 등을 담담하게 기술하고 있기에 독자들은 위의 사항에 관계된 지식과 교훈과 정서를 얻을 수 있을 것이다. 아울러 그의 수필 내용들은 독자들에게 감동(感動)과 해학(諧謔)을 전해 준다고 할 것이다.

류인복 수필은 대체로 대상에 대한 정보나 지식을 전달하는 진술 방식인 설명과 수필의 가장 중요한 진술 방식인 감각적이고 구체적인 묘사와 사건의 경과를 이야기하는 진술 방식인 서사가 혼용되어 더욱 진술에서 리얼(real)하고 일목요연한 일관성을 유지하고 있는 특성으로 독자와의 공감대가 쉽게 형성이 되지 않았나 짐작하게 된다.

아울러 설득적 수필이라기보다 설명적 수필이라는 특색에서 본다면, 분위기나 문체에 따른 분류에서는 정서 위주의 수필로 일상생활이나 자연에서 느끼는 주정적이고 주관적 감정을 솔직 담백하게 드러낸 서정적이며 명상적 수필이라고 할 것이며, 개인의 생활과 주변의 일들을 담담하게 일관적으로 서술하였기에 논리적인 정격 수필(formal essay)이라기보다는 오히려 비정격 수필(informal essay)이라고 할 수 있을 것이다.

류인복 수필가는 첫 수필집 『민통선의 전설』에서 작가가 일상생활에서 직접 체험한 내용을 솔직담백하게 서술한 이래로 이어서 두 번째 수필집인 『흔적 찾기』에서는 작품을 통하여 자기 존재의 가치와 지향점을 진솔하게 표출하고 있기에 다음 작품의 행보가 더 궁금하며 더욱 문학적 완성도가 치열하고 탄탄한 작품집이 될 것을 확신하며 아울러 다음 작품집의 기대치가 매우 크다고 할 것이다.

문학세계대표작가선 993

흔적 찾기

문곡 류인복 수필집

인쇄 1판 1쇄　2023년 6월 23일
발행 1판 1쇄　2023년 6월 30일

지 은 이 : 류인복
펴 낸 이 : 김천우
펴 낸 곳 : 도서출판 천우
등　　록 : 1992. 2. 15. 제1-1307호
주　　소 : 서울시 성동구 무학봉28길 6 금용빌딩 2F
전　　화 : 02)2298-7661
팩　　스 : 02)2298-7665
http://cafe.naver.com/chunwu777
E-mail : cw7661@naver.com

값 25,000원

*본 도서는 인천문화재단의 후원을 받아 '2023년 예술창작지원사업'으로 선정되어 발간되었습니다.

ISBN 978-89-7954-902-7